Abhandlung
über den Ursprung der
Sprache,

welche den
von der Königl. Academie der Wissenschaften
für das Jahr 1770
gesezten Preis
erhalten hat.

Von
Herrn Herder.

Auf Befehl der Academie herausgegeben.

Vocabula sunt notae rerum. *Cic.*

Berlin,
bey Christian Friedrich Voß, 1772.

「言語起源論」初版本扉より

叢書・ウニベルシタス　31

言語起源論

ヨハン・ゴットフリート・ヘルダー
大阪大学ドイツ近代文学研究会 訳

法政大学出版局

目次

第Ⅱ部

第Ⅰ部

人間は先天的能力のみで、独力で言語を発明しえたか。

第一章

「人間はすでに動物として言語をもっている。」すべての激しい感情、そのなかでも最も激しい肉体のうけた苦痛の感覚、彼の魂が感じるすべての強烈な情念、それらは直接、叫喚・音響・まだ言葉にならない野生的な響きによって表出される。苦しんでいる動物は英雄フィロクテーテス(1)のように、痛みに襲われればすすり泣き、呻くであろう。たとえその動物が無人島に見捨てられ、自分を助けてくれる他の動物を見かけることもなく、その足跡も見つからず、見つけられる希望がなくても、それでも彼はそうするであろう。まるでそれは、不安におとしいれられた激しい呼吸を整えて、もっと自由に呼吸しようとするかのようであり、耳をかさない風を呻き声で満たすことによって痛みの一部をため息として吐きだし、虚空のなかから少なくとも苦痛に耐えるための新しい力を自分のなかに引きこもうとするかのようである。

われわれは生まれながらにしてこんなにも独りぼっちの巌、孤立した単子《モナド》(2)ではないのである。動物的感情の一番細い琴線(私がこういう比喩を使わねばならないのは、物を感じる肉体のメカニズムを説明するのにこれ以上適切な比喩を知らないからである）、その響きや弦の張り方が自由意志や十分な思慮に全く基づかない琴線でさえ、いや、その性質がまだすべての研究者の理性によっても極められえないそうした琴線でさえも、それらはどのように奏せられても、周囲の同情を意識しないまま、他の生物にむかって感情が表明されるように調整されているのである。かき鳴らされた弦はそれ本来の義務を果たす。鳴りひびき、同感してくれる山彦に呼びかける。たとえ山彦がなくても、自分が答えられる見込みもなく期待もない時でもそうである。

もし生理学が大いに進歩し、心理学を実証するようになれば、私はしかしそれを大いに疑問視するが、生理学は神経構造の解剖からこの現象に多くの光をあてるであろう。しかし、たぶんそれはまたこの現象を個別化し、細分化して曖昧なものにしてしまうであろう。

いま、それを全体として次のような一つの明瞭な自然法則と仮定しよう。

「ここにいる多感な生物は激しい感情を何一つ内に閉じこめることができず、不意打ちをくわされたその最初の瞬間に、意図することなく、すべての感情を音によって表出せずにはいられない。」自然がこの世に生まれるすべてのものに「お前一人で感じるな。お前の感情を響かせよ」という法則を与えたのは、いわば造物主なる自然が生物に与えた生みの母親としての愛情からであった。そして造物主のこの最後の配慮が一種族に属するすべてのものに一様であるので、「お前の感じたことをお前の種族に一様に響かせよ。そしてすべての相手から同じように共感をもって聞きとられよ」というこの法則は祝福となった。だからこのか弱く感じやすい生物にかまってやる必要はなかろう。それはどんなに独りぼっちでばらばらで、この世のどのような悪意ある嵐にさらされているように見えても、独りぼっちではない。全自然と結びついている。その生物に張られている琴線は非常に繊細ではあるが、それらの生物は生まれながらにして、刺激されると、同じように繊細な琴線をそなえた他の生物を目ざめさせ、目に見えない鎖でつながれているかのように、遠く離れた心に火花を伝え、その心が自分には見えないこの生物に同情を感じるのである。

「このようなため息、このような響きが言語である。従って感情に発する言語であり、それは自然法則そのものにほかならない。」

「人間が本源において、感情に発する言語を動物と共有している」ということは今日でも、感情の完全な表現よりも、むしろそのような言語のある種の名残りによって証明されている。しかもそうした名残りの存在は否定できない。われわれ人間のつくった言語が自然語をどのように排除し、われわれの市民的生活様式や礼儀作法が、情念の波・激情の大海をどのようにせきとめ干上がらせ別の方向へそらせたとしても、感情が最も激しく爆発する瞬間は、どこで起ころうとどのように稀であろうと、なおかつ表面に現われ自然のままの音を直接激しく響かせるのである。情念の怒れる嵐、喜び・楽しみ・苦痛・悲しみの突然の襲来、またそれらが魂を深く抉るような時は、心を圧倒するばかりの復讐感・絶望感・怒り・驚愕・恐怖となってすべて姿を現わす。そしてどの現われ方もそれ独自のやり方に従い異なっている。われわれの本性のなかにまどろんでいる感受力の種類の数だけ、それを表現する音の種類がある。それゆえ私は、人間と動物が違い、両者の神経構造が別種であればあるほど、動物語はますますわれわれに理解できないと思う。

　われわれ人間は陸棲動物であるから水棲動物より陸棲動物の言葉の方がわかりやすい。そして陸棲動物のなかでは森にいる動物より家畜の方が、そして家畜のなかではわれわれに最も身近なものの言葉が最もよくわかる。ただしその場合にももちろん、つきあいや慣れ次第である。馬に乗りなれたアラビア人は、初めて馬に乗る人よりも馬の言葉がよくわかり、『イーリアス』のなかのヘクトル(3)が自分の馬たちと話せたとほぼ同様に馬と話せるのも当然である。砂漠で周囲には生き物としては自分のラクダと一群の鳥しかいないアラビア人は、家に住んでいるわれわれよりラクダのことをよく理解できるし、鳥の鳴声を理解できると信じるであろう。森の子である狩人は鹿の声がわかり、ラップランド人(4)は自分のトナカイの声がわかる。しかしこれらすべては、当然のことであるが例外である。本来はこの自然語は各種がお互いの間で話す一種の種族語であり、人間もその種族語をもっている。

　「さてこれらの響きはもちろんきわめて単純なものである。」そしてそれらが一音ずつはっきり発音され、間投詞として紙の上に一字ずつ明瞭に書きつづられると、全く正反対の感情でも殆ど同じようにあらわされる。弱弱しい「ああ」は、恍惚の愛の声であり、うちしおれた絶望の声でもある。強く激しい「おお」は、突然の喜びやこみあげる憤怒の、また高まる賛嘆や胸にたぎる悲しみの迸りでもある。しかし、いったいこれらの音は間投詞として紙に書かれるためにあるのだろうか。この力なくくもった、慰めを求める眼に浮んでいる涙、それは悲しみにくれる顔全体のなかではなんと人の心を打つことであろう。涙だけを取りだしてみよう。するとそれは一滴の水にすぎない。それを顕微鏡の下に置いてみよう。その場合それがどのようなものであろうと私は知りたくもない。苦悩に歪んだ唇の上で人の心を動かして途中で消えてしまう、力ない吐息や、ため息にならぬため息、それを生命をもったその仲間たち全部から切りはなしてみよう。するとそれは無意味な空気の動きにすぎない。感情に発する響きとはこうしたものである。他との生きた関連のなかで、活動している自然の全体のなかで、他の多くの現象とともに現われてこそ、それは人の心を打つのであり、完全なのである。しかしすべてのものから切りはなされ抜きだされて、その生命を奪いさられると、もちろん暗号以外の何ものでもなくなる。自然の声は勝手に取りきめられた文字となる。

「これらの音声の種類はもちろんわずかである。」しかし感じやすい自然がもっている感情の種類は、自然が単に受動的であるかぎり、心理学によって主張されているよりも少ないのである。ただすべての感情はそのような状態においては、糸に分けられることが少なければ少ないほど、それだけ牽引力の強い紐となる。すなわち響きは多くは語らないが強力に語るのである。この嘆きの響きは、魂の傷、それとも肉体の傷について呻いているのか。この叫びは、恐怖、それとも苦痛から絞りだされたのか。この弱弱しい「ああ」は、恋人たちの接吻とともにか、それとも相手の胸に流した涙とともに洩れたのか。これらの音声はすべてこうした区別をするためにあったのではない。それは叫んでイメージを呼びだそうとしていたのである。呼びだされればイメージ自身が語るであろう。それは響こうとしていたのであって、描写しようとしていたのではなかった。そもそもソクラテスのあの寓話(5)に従えば、苦痛と快感とはごく近いのである。自然は両極端の感情を結びつけたのであり、従って感情に発する言語は、そのような両極端の接点以外の何を示すことができるだろうか。

今や私は次のように言ってもよいと思う。

「すべての根源語のなかにはこのような自然の音が響きのこっている。」もちろんこの自然の音は人間の言語の主流ではない。それは言語の本来の根ではないが、言語の根に生気を与える養分である。後に人間がつくったあかぬけのした言語は、人類の野生のままの根源語から数えてほぼ四世代目(6)にあたる変種であって、何千年にわたる長い変化過程を経た後に、再びそれ自身の何百年間の生涯を通じて、洗練され教化され人間化されてきた。理性と社会の産物であるそのような言語は、自分の生みの親の幼時期の言語をもはや殆ど知ることができないか、あるいは全く知ることができない。しかし古代の野生の言語は、根源語に近ければ近いほどその名残りを一層多くとどめている。私はここでまだ人間の言語形成について何も語ることができないが、まだ手の加わっていない素材を観察することはできる。私にとってはまだいかなる単語も存在せず、ただ感情に発する単語になろうとしている響きしかない。しかし上に述べた言語には、その間投詞、その名詞と動詞の語根には、これらの響きがなんと多く残っていることであろう。最古の近東語に満ちあふれている叫び声は、われわれ後世の教養ある人間にはそれに対応する何ものもないような、あるいは必ず理解力不足や聴覚麻痺によって誤った解釈をしてしまうようなものである。彼らの哀歌には未開人が墓の傍で出すような泣き吠える音や、おのずと連綿と迸りでる間投詞が響きわたっている。彼らの頌詩には喜びの叫びやハレルヤの繰返しが鳴り響いている。このハレルヤの繰返しは泣き女に由来するものだとショウ(7)は説明しているが、われわれにとっては殆ど儀式的な形式にすぎない。彼らの詩や他の古代民族の歌謡の流れとうねりのなかに響いている音は、アンデス山脈の麓であれ、イロコイ族(8)のように北米の雪のなかであれ、ブラジルであれ、カリブ島に住んでいるのであろうと、すべての未開人たちの戦いの踊り・宗教的な踊り・葬いの歌・祭りの歌に今もなお生命を与えているものである。彼らの最も単純な最も有効な最初期の語根は、結局はあの最初の自然の叫び声であって、それは後になってはじめて完全なものに仕あげられた。従ってすべての古代民族や未開民族の言語のこの内面的な生きた響きは、他の者にとっては永久に発音できないままなのである。

私はこれらの現象の大部分をあとではじめて関連づけて説明することができる。ここではただ一つのことだけ記しておこう。言語の起源を神に求める説の擁護者の一人*は、われわれが知っているあらゆる言語にみられる音が二十余りの文字にうつしかえられる点に、驚嘆に値する神の摂理を見出すのである。

＊ ジュースミルヒ(9)『言語神授説の証明の試み』ベルリン　一七六六年　二一頁

しかしこの事実は間違っており、そのような推論は一層間違っている。生きた音をもつ言語はどれ一つとして完全に文字にうつされることはできない。まして二十余りの文字には置きかえられない。このことはあらゆる言語が例外なく証明している。われわれの音声器官の発音作用は非常に多く、それぞれの音はいろいろなやり方で発音される。だからたとえばラムベルト氏(10)が彼の『オルガノン』の第二部で、われわれのもっている文字の数が音に比べていかに少ないか、それゆえ音は文字によっていかに不確かにしかあらわされることができないかを示せたのも当然である。しかもこれは、いまだ一度として方言の多音性や差違を文章語のなかへ取りいれていないドイツ語からの証明にすぎず、その言語全体がそのような生きた方言そのものであるような場合にはなおさらのことである。

正字法のあらゆる特徴や奇妙な特殊性は、話すとおりに書きあらわすことができないという理由からきているに違いない。いったい現に生きているいかなる言語がその響きまでそっくり本の文字から学びとられることができようか。そしてすでに死んだいかなる言語が本の文字から呼びさまされることができようか。言語の生気が満ちあふれていればいるほど、またその言語を文字にしようと思いつく人もなく、まだ言葉にもならない完全な自然の音に近ければ近いほど、それを書きあらわすことは一層むずかしくなり、二十の文字ではあらわせず、他の者にとっては発音さえできないものとなる。十年間北米のアブナキ族(11)のもとに滞在したことのあるラル神父(12)は、このことに関して、彼がいかに細心の注意をはらっても、しばしば単語の半分しか口真似することができず、物笑いの種になったと大いに嘆いている。彼がフランス語の文字でそれをあらわそうとしていたならば、どれほど滑稽きわまりないことになっていたことであろうか。ショモノー師[13]は五十年間をヒューロン族[14]のもとですごし、彼らの言語の文法をものにしようとした人であるが、それにもかかわらず彼らの喉音字母や抑揚を発音することができず、「全く同じ字母からなる二つの単語が異なる意味をもつこともしばしばである」と嘆いている。ガルシラソ・ディ・ヴェーガ[15]はスペイン人がペルー語の音をひどく歪め・損い・変造し、そしてそのうちで最もひどい改悪はペルー人のせいにしたと訴えている。ドゥ・ラ・コンダミーヌ[16]はアマゾン河畔の一小民族に関し、「その民族の単語の一部はたとえ不完全な形としてであっても、けっして書きあらわすことができない。せいぜい三音節ぐらいに発音されるにすぎぬと思われる場合でも、そのためには少なくとも九乃至十の綴りを用いねばならない」と語っている。ラ・ルベール[17]はタイ語に関して、「ヨーロッパ人の発音する十の単語のうち、土着のタイ人にはおそらくただ一語だってわからないであろう。だから彼らの言葉をわれわれの文字で表現しようとするなら、すきなだけ勝手に苦労してみるがよい」と述べている。さてわれわれは何ゆえ地球上のこんなに遠く離れている種族を必要とするのであろうか。ヨーロッパでの未開人のわずかな生き残りであるエストニア人[18]やラップランド人[19]などは、しばしばヒューロン人やペルー人と同様、殆ど言葉にもならず、書きあらわすこともできない響きをもっている。ロシア人やポーランド人の言葉は、すでに長い間文字で表記されてきたとはいえ、今なお彼らの気音を伴う発音の真の響きは文字では描きだせない。またイギリス人は自分たちの音の響きを書きあらわそうと、いかに苦労していることであろう。そして、書かれた英語を解する人であっても、イギリス人同様に英語を話す人はいかに少ないことだろう。これに比べて、喉から発音することの少ないフランス人や、口の上部で、いわば一層こまやかなエーテルのなかで喋るギリシア人とも言えるイタリア人は、いまだに生き生きとした音の響きを保持している。その音は、それをつくりだした器官から外へとりだしてはいけない。すなわち、文字に描かれるとそれらは、たとえ長い間の文字の使用によって便利なものにされ一様化されたとはいえ、常にただの影にすぎない。

従って前述の事実は誤りであり、その推論は間違いである。推論の及ぶところ、けっして神的な起源に至るのではなく、全く逆に動物的な起源に帰することになるのである。あのいわゆる神の最初の言葉、すなわち、世界の大部分がそこから文字を受けついだあのヘブライ語を考えてみよう。初期ヘブライ語の生き生きとした響きはとても完全に書きあらわせるものではなかったということは、その文法の構造全体や似かよった文字のさまざまな混同がはっきり示している。最もよくそれを示しているのは、母音が完全に欠けているという事実である。ヘブライ語の文字が子音ばかりであり、語の最も重要な要素である母音がもともと全く書きあらわされなかったというこの奇妙な特徴は、何に由来しているのであろうか。本質的でないものを書きあらわし、本質的なものを省くというこの書き方は、健全な理性の働きと全く矛盾するものであるから、世の文法家が論理的に解することに慣れていたならば、これは彼らにとって論理的に全く理解されないに違いない。われわれのもとでは、母音こそが第一の、最も生き生きとしたものであり、言語の要である。ところがヘブライ人にあっては、母音は書きあらわされないのである。なぜだろうか。それは書きあらわすことができなかったからである。その発音はきわめて生き生きとし、繊細に形づくられており、その気音は霊的でエーテルのようなものであったので、すぐに発散し文字ではとらえることができなかったのである。ギリシア人においてはじめてこの生きた気音発声が明白な母音につなぎとめられたのであるが、やはり気息記号[20]などの助けを借りねばならなかった。このように文字ではとらえることができなかったのも、東洋人にあっては言葉とは、形象豊かな詩のなかで名づけられているように、いわば気音、すなわち口から出る息吹きや生気そのものであったからである。耳がとらえたものこそ神の息であり、吹く微風であった。それを描きだそうとした生命のない文字は、読む際に生の息吹きを吹きこまれなければならぬ死体にすぎなかったのである。このことが、彼らの言葉を理解するのにどれほど大きく影響するかについては、ここでは述べない。しかし、この息吹きが言葉の起源をほのめかすものであることは明白である。まだ言葉にならない自然の響きほど、書きあらわしにくいものがあろうか。そして言語がその源に近ければ近いほど、一層曖昧な響きになっていくのをみれば、まさに次のように推論してよいであろう。言語は二十四の文字のために神によってつくりだされたものではなく、この文字も言語と一緒につくりだされたのではない。この文字は、思い出を二、三記録にとどめようとするはるか後世の不完全な試みにすぎない。言語は神の手になる文法の文字からできたのではなく、自由自在な器官の野生の響きからできたのであると。* さもなければ全く奇妙なことになるからである。すなわち文字は、神が言語をそこからつくり、またそのためにつくりだし、その助けを借りて最初の人間に伝えたまさにその文字は、この世の最も不完全なものであり、言語の生気については何一つ語らず、また語る意志のないことを自らの構造様式全体で自認しているということになるのである。

* このまだ一部分未完成の器官についての最もすぐれた論文は、ヴァハテル(21)の『物と言葉の一致』(コペンハーゲン一七五二年)である。これとキルヒャー(22)その他の人の空想との間には古代史と童話ほどの相違がある。

この文字の仮説は、もちろん、その価値相応に、ただ一言注意をうながしておけばよかったのである。しかしこの仮説は一般に広まっており、またさまざまに弁護されているので、私はその無根拠さを暴露し、同時に無根拠さの説明をしなければならなかった。少なくとも私はそれを説明したものを何一つ知らなかったからである。

「われわれの自然の響きは情念を表現するように定められているので、それらはまた当然すべての感動の要素になる。」痙攣し、泣きながら苦悶している人を見れば、苦痛の叫びをあげながら死にかけている人を見れば、いや、家畜でもそれが全身で苦しみながら呻いているのを見れば、その「ああ」という声に胸をうたれない者があるだろうか。誰がものに感じない野蛮人であることができるだろうか。動物の場合においてすら、彼らの感情の琴線の響きが他の動物たちと調和的な演奏をすればするほど、これら動物たちですら一層共感しあう。彼らの神経は一様に緊張し、彼らの魂は同じ調子になり、彼らは本当に機械的に苦しみを分ちあう。だから人間たるものが、これに対して耳を貸さず、心を動かされないためには、どれほど筋肉を鋼鉄のように鍛えねばならないことか。感じやすい心を塞いでしまうためには、どれほどの力が必要であることか。ディドロ[*(23)]は、生まれつきの盲人は苦しんでいる動物の嘆きに対して、目あきよりも敏感でないに違いないと述べている。しかし私はある場合においては、その反対だと信ずる。もちろん盲人には、このみじめな、痙攣している生き物の感動的な姿はすべて隠されている。しかしすべての例が教えるところでは、まさにこの隠蔽によって聴覚は分散されることが一層少なく、一層注意深くなり、洞察力を強めるのである。つまりこの場合彼は暗黒のなかで、永遠の夜の静寂のなかで耳をそばだてて聴きいる。それでどのような嘆きの響きもそれだけ一層切切と、矢のように鋭く胸につたわるのである。ここでさらに触覚を利用し、手探りしながら次第に手に触れる範囲をひろげてみるがよい。苦しんでいる生体の痙攣に触れ、その損傷を手で完全に感じとるがよい。恐怖の戦慄と苦痛が彼の五体を走る。彼の神経組織は損傷を共感する。死の響きがする。これこそこの自然語のもつ絆である。

* ディドロ『盲人に関する手紙』ロンドン　一七四九年

ヨーロッパ人は、教養にそこなわれた奇形児となっているにもかかわらず、どこでも未開人たちの生のままの嘆きの響きに激しく心を動かされてきた。レリー(24)は、ブラジルから帰って、南アメリカ人たちの愛情と人なつこさから出る、真情のこもった、型にはまらない叫び声によって、彼の部下たちが涙を流すほどに心を和らげた様子を述べている。シャルルヴォア(25)やその他の者たちは、北アメリカ人たちの戦いや魔術の歌からうけるぞっとするような印象をいくら表現しても表現しきれないでいる。後ほどわれわれは、古代の詩と音楽がどれほどにこの自然の響きによって生命を与えられているかについて述べるであろう。そのときにはまた、たとえば最古のギリシアの歌謡と踊り、そして音楽と踊りと詩が、いまでもすべての未開人たちに与えている影響についても、もっと哲学的に説明することができるであろう。

われわれにおいては、もちろん理性が感情を、そして社会の人工の言葉が自然の響きをしばしば押しのけている。しかしこの場合ですらなお、とどろき渡る雷鳴のような雄弁術、稲妻のように人を打つ文芸や魔術的な身振りなどが、この自然語に模倣によって近づきはしないだろうか。かの地で集った人々のなかで奇蹟をおこない、肺腑をえぐり、魂を動顚させているものは何か。知的な言葉と形而上学か。比喩と形容か。技巧と冷静な確信か。陶酔が盲目的であってはならないというのであれば、これらのものによって多くのことがなされるに違いない。しかしすべてのことがなされるであろうか。そして盲目的な陶酔のまさに決定的な要素は、何によって生じたものなのか。——全く別の力によってである。これらの響き、これらの身振り、あの単調なメロディーの流れ、この唐突な転換、この定かでない声音——これ以上の何を私が知ろうか。これらのものは、幼児たちや感覚がまさっている人人、すなわち女・繊細な感情の持主・病人・孤独な人や悲しみにくれている人などの場合には、きわめて強く作用する。それは真理そのものの妙なる声音が天上からかすかに響いてくるときの作用よりはるかに強い。これらの言葉、この響き、この残酷な物語詩の転換などは、われわれがそれを初めて聞いた幼年時代に、戦慄・厳粛・驚愕・恐怖・喜びといった副次概念のさまざまな群を伴ってわれわれの魂のなかへと侵入してきたものである。言葉が響く。するとたちまち一群の亡霊たちのように、それら副次概念がみな突然ほの暗い威厳を漂わせて魂の墓穴から立ちあがる。そしてそれらは、それらが現われなければ把握できた言葉の純粋で明瞭な概念をくもらせてしまう。言葉が消える。するとたちまち感情の響きがする。不明瞭な感情がわれわれを圧倒する。軽率な者はぞっとし、身ぶるいする。——言葉の内容のためにではなく、音節のため、幼年時代の響きのために。そしてそれは、われわれを再び子供にしようとする語り手の、詩人の魔力だったのである。思案や熟慮ではなく、ただ次のような単なる自然法則が根底にあったのである。「感情に発する響きは、共感する生物に同じ感情をいだかせる。」

それゆえ、もしわれわれが感情から直接発するこの音を言語と呼ぶことにすれば、私には言語の起源がもちろんきわめて自然的なものであることがわかる。「言語の起源は超人間的なものでないばかりでなく、明らかに動物的なものである。つまり、感じやすい生体の自然法則なのである。」

しかし私は、哲学者が、つまり明晰な概念を求める人が、「感情がつくりだすこの叫びから人間の言語の起源を説明する」などという考えを思いつくことができたということに、奇異の念を禁じえない。なぜなら、これは明らかに、全く別のことではないであろうか。すべての動物は、ものいわぬ魚にいたるまで、彼らの感情を音で響かせる。だからといってどのような動物も、最も完全に発達した動物といえども、人間の言語の本来のきざしをごくわずかでももっているわけではない。この叫びをどのようにでも手を加え、洗練されたものにし、体系づけてみるがよい。この音を何かの意図をもって用いるという悟性がそこに働いていなければ、どうして前述の自然法則に従って、人間の自由意志に基づいた人間の言語が生まれるのか私にはわからない。子供は動物と同じように、感情から発する響きを口に出す。しかし彼らが人間から習う言語は、全く別の言語ではないだろうか。

コンディヤック師[*(26)]も、このような説を唱える多くの論者の一人である。ただ彼は、彼の書物の第一頁を始める前に言語はすでに発明されていたという観点から、問題を推論したのである。そういう風に考えないと、私は彼の書物のどの頁にも、言語が形成発展していくという理論に合致しない事柄を見出すのである。彼は仮説をたてるにあたって、まず「なんらかのしるしを用いるすべをまだ知らない二人の子供を荒野の真中」におく。なぜ彼は結局は死ぬか動物にならざるをえない「二人の子供」を、生命を維持することも発見されることも困難になるばかりの「荒野に」、どのような乳呑児でも生後ほんの数週間たてばそんなことは知っているのに、「自然に使い始めるはずのしるしを何一つ使いもせず、それどころかそういうしるしを知りもしないうちに」放置するのか。つまりなぜ人間の知識の自然の営みを探ろうとする仮説に、そのような不自然な矛盾した事柄を基礎にしなければならないのか。著者のコンディヤック氏にはその理由がおわかりであろう。だが、そのような事柄のうえには、言語の起源の証明はなりたたないということを、私はあえて証明しようと思う。コンディヤック氏のあの二人の子供は、あらゆるしるしを知らないまま出会う。そして——なんと出会ったとたん(第二章)、彼らはもうお互いの意志を疎通するのである。しかも、このお互いの意志の疎通によって最初に、「その自然なしるしが感情である思考を、感情に発する叫びであらわす」ことを覚える。感情をあらわす自然なしるしを意志の疎通を通じてならうのだろうか。どのような思考がそのしるしであらわされるかをならうのだろうか。しかも出会った最初の瞬間に、最も下等な動物ですら知っているものをまだ知らないうちにたちまち意志疎通し、どのような思考がある種のしるしであらわされるかを習い覚えることができるのだろうか。それについては何一つ私には判然としない。「同じような状況に再び出くわすことによって(第三章)、彼らは感情の響きやいろいろな身振りで思考をあらわすことになる。すでに彼らの記憶力が用いられ始めている。すでに彼らは想像力を駆使することができる。すでに彼らは、以前には単に本能的におこなったにすぎないものを意識性をもっておこなうほどになっているのである」(ところが、いまみたように、やりとりをする以前には彼らは何もできなかったのである)。これも私には全くわからない。「このようなしるしを用いることによって魂の活動は拡大される(第四章)。そしてこの活動がしるしを完全なものに仕上げる。つまり、感情に発する叫びこそが、心のなかのイメージを人間の意志でつくったしるしであらわす習慣を、彼らに与えたのである(第六章)。そして感情に発する叫びこそ、彼らが新しい言語を創造し、新しい響きを言語につくりあげ、事柄に名称をつける習慣を身につけるようになる手本を与えたのである。」私はこのように繰返される論述をここに再現しているのであるが、それらはいっこうにわけがわからない。結局、著者はこのような幼稚な言語起源論にのっとって、韻律学・朗読法・音楽・舞踏・古代の詩などを説明し、ときにはわれわれの目的には何の役にもたたない注釈をたっぷり書きつらねた後、再び次のように話の糸口をとらえる。「どのようにして人間は、彼らが用いようと思った最初の言葉の意味を、お互いに一致させるようになったのかを理解するには(第八十章)、彼らはその言葉を、それをどうしても同じイメージに結びつけなければならない状況のなかで、発言したのであるということを認めれば十分である云々」要するに、言葉はそれが存在する前に存在していたのだから、言葉として成立したのだというのである。われらのコンディヤック氏の論述の糸をこれ以上たどっていくことは無駄なことだと思われる。その糸の先は、どこにもつながっていないからである。

＊『人間知識起源論』第二巻　アムステルダム　一七四六―五四年

周知のように、コンディヤックのこの言語の成立についての空疎な論は、今世紀にルソー*(27)が彼一流のやり方で、この問題を流行させ、自ら疑問を呈するきっかけを与えた。コンディヤックの論に疑問を抱くのに必ずしもルソーがでてくる必要はなかった。ただ、だからといって直ちに人間のもっている言語を発明する可能性すべてを否定するためには、もちろん言うならばルソー一流の誇張・飛躍が必要であった。この問題にコンディヤックが間違った説明をしたからといって、この問題を全く説明することができないといえるだろうか。また、感情に発する響きはけっして人間の言語とはならないからといって、人間の言語が、その他のどこからも生じることができなかったということになるのであろうか。

＊『人間不平等起源論』第一部

ルソーを誤らせたのが、事実この巧みにすりかえられた結論のせいだったということは、彼自身の構想＊から明らかである。その構想とは、「そもそも言語の起源を人間に求めようと主張するとしても、どのように言語は成立せざるをえなかったのか」というのである。彼は彼の先輩コンディヤックと同じく、自然の叫びがまずあって、そこから人間の言語が生ずるとする。私はどのようにしてそれが人間の言語になったのかわからないし、ルソーほどの明敏な人がどのようにして一瞬にしてそこから言語を生ぜしめることができたのか不思議でならない。(28)

＊前掲書

モーペルテュイの小論文(29)はいま私の手許にないが、ある人の忠実で正確な要約＊を信頼してよければ、彼も言語の起源をこの動物の発する音から十分には切り離していない。従って彼も先の論者たちと同じ道をたどっているのである。

＊ ジュースミルヒ　前掲書　補遺三　一一〇頁

最後に、ディオドロス(30)とヴィトルヴィウス(31)は、言語の起源を人間に求める説を論証したというよりは信じこんでいた。そして彼らは、人間をまず長い間叫び声をもつ動物として森のなかを放浪させ、その後、人間に、どこからか、また何のためかはわからないが、言語を発明させたことによって、問題を著しく混乱させてしまった。

ところで人間による言語の成立を弁護するたいていの人たちは、これほど不確かな論拠に立って議論をすすめ、他の人たち、たとえばジュースミルヒはその論拠に非常に多くの理由をあげて反対したので、アカデミーは、このまだ決着がつかず、かつての会員たちの幾人かの分裂さわぎまでひき起こしたこの問題を、ひとまず論争外におこうと考えたほどである。

しかしこの大きなテーマは、心理学や人類の自然のなかでの位置について、言語の学問および言語とともにつくりだされるあらゆる知識の学問について、非常に多くの展望を約束してくれるものであるから、この問題に手をつけようとしない者がいったいあるだろうか。

それに人間はわれわれにとって、われわれの知っている唯一の言語を使う生物であり、まさに言語によってすべての動物から区別されるのである。それゆえ、動物と人間の相違についての知識からはじめるのが、考察の最も確かな出発点であろう。コンディヤックとルソーは言語の起源について誤りを犯さざるをえなかった。それは、周知のように前者*は動物を人間にし、後者**は人間を動物にしてしまうというように、お互いに違いはあるけれども、人間と動物の相違についてともに誤ちを犯したからである。そこで、私はいくらか以前にさかのぼって、詳しく論じなければならない。

* 『動物についての概論』アムステルダム　一七五五年
** 『人間不平等起源論』など

「人間が本能の強さと確実さの点で動物たちにはるかに劣っているということ、いやそればかりか、われわれが大多数の動物類の場合に先天的な造形能力・造形衝動と名づけているものを、人間が全くもっていない」ということは確かである。ただ、この造形衝動の説明はこれまでのたいていの哲学者にとって、特にドイツのある深遠なる哲学者*にとっても不成功に終った。同様に、人間の本性にはこの造形衝動が欠けていることの真の原因も、これまでまだ完全に解明されることができないままであった。それは動物の性質について、たとえ完璧な説明はできなくとも、少なくともいくつか見解を述べることができるような主要視点を、従来見落してきたためと思われる。この見解がまた、人間の心理学を大いに啓発することができることについては、別のところで述べたい。この視点というのは、動物の生活領域のことである。

* ライマルス『動物の造形衝動について』(32)。『最近の文学に関する書簡』中の当問題についての諸考察を参照せよ(33)。

どのような動物も生まれながらにしてそこに属するように定められていて、生後すぐにそこに入り、生涯そこに留って死に至るそれぞれの生活圏をもっている。ところで奇妙なことには、「動物の感覚が鋭敏であればあるほど、本能が強くて確かであればあるほど、そして造形物がすばらしければすばらしいほど、彼らの生活圏は小さく、彼らの造形物は一様である。」私はこの事情を調べてみた。するとどこにおいても、彼らの運動・活動力・領域・食物・生命維持・交接・成育・つきあいの範囲の小ささと彼らの衝動や技倆との間に反比例の関係がみごとに維持されているのがみられた。巣箱のなかの蜜蜂は、エゲリアが夫のヌマ(34)に教えることができなかったような叡智で巣をつくる。しかしこれらの蜜房以外では、蜜房のなかでの一定の仕事以外は蜂も全く無能である。クモはミネルヴァ(35)の様にすばらしい技術で巣をつくる。しかしクモのすべての技術も編みあわされたこの狭い巣の範囲内に限られている。それがクモの世界である。昆虫はなんと不思議なものであり、かつまたその活動の範囲はなんと狭いものであることか。

これに反して、「動物の仕事や使命が多様であり、その注意が多くの対象に拡散され、その生活様式が一定していないほど、要するに、その生活圏が大きく多様であればあるほど、彼らの感性がそれだけ一層分散され弱まっているのをわれわれは知る。」私はここで、多数の生物全般にわたってみられるこうしたすばらしい関係を、具体例で一つ一つ確かめるつもりはない。それを実際に試すことは各人におまかせするか、他の機会に譲ることにして、次のように推論し続けよう。

「従ってすべての造形衝動は、動物たちの表象能力から説明されるであろう。」それ以外になお（ライマルスですらも仮定したような、そしてすべての哲学を荒廃させているような）盲目的な決定など仮定するには及ばない。非常に繊細な感覚が一つの小さな範囲、すなわち同一のことに集中され、他の世界全体はそれらの感覚にとってないに等しいとすれば、それらの感覚が鋭敏なものになるのは当然である。表象能力が一つの小さな範囲だけに集中されており、それ相応の感覚が賦与されているならば、それらの表象能力がきわめて効果的になるのは当然である。そして結局のところ、感覚と表象が一つの点に向けられていれば、そこから本能以外に何が生ずることができるだろうか。従って感覚と表象能力から、それぞれの種類と段階に応じて、動物たちの感受性・能力・衝動を説明することができるのである。

従って私は次のような命題を仮定してもよいだろう。「動物の感受性・能力・造形衝動の強弱は彼らの活動範囲の広さ・多様性に反比例する。」

ところで「人間はただ一つの仕事しか彼を待ちうけていないような単一の狭い生活圏をもっているのではない。」いくつもの仕事や使命の世界が人間の周りをとりまいている。

「人間の構造と感覚は一つのことだけに集中されていない。」人間はすべてに対して感覚をもち、従って当然のことながら、個々のものに対しては動物よりも弱くまた鈍い感覚をもっていることになる。

「人間の魂の力は宇宙にあまねく開かれている。」従って彼の思考が一つのことだけに向けられることはない。従って一つのことに集中された造形衝動も造形能力もなく、そして当面の問題に密接に関係のある動物語のようなものはもっていない。

ものを感受する生体、発声能力についてはすでに述べた。その場合は別として、われわれが動物の若干の種族において動物語と名づけているものは、やはり、私がこれまで列挙してきたいくつかの見解から、自然にひきだされてくるものではないだろうか。「動物語は同じ種族の動物たちが彼らの活動圏内における仕事について、互いに無意識的・感覚的におこなう意志疎通である。」

従って動物たちの生活領域が狭いほど、彼らが言語をもつ必要は少ない。彼らの感覚が鋭敏であるほど、彼らの表象が一つのことに集中しているほど、彼らの衝動が強いほど、彼らが発するかも知れぬ響き・合図・表現による意志疎通はそれだけ一層簡単である。その場合、語り聞きとることは、機械的に、全く本能的におこなわれているのである。聞きとられるためには、なんとわずか話せばすむことか。

最も狭い生活領域しかもたぬ動物たちは、従って聴覚さえもたない。彼らは触覚乃至嗅覚および視覚だけで彼らの世界に対している。全く単一な表象・単一の特性・単一の仕事があるだけで、従って彼らは殆ど言語をもっていないか、全然もっていない。

しかし動物の生活圏が広ければ広いほど、彼らの感覚は多種多様になる。だが、もう繰返す必要はなかろう。「人間の場合は様子は全く変る。」人間の活動領域にとっては、たとえどんなにお粗末な状態の場合でも、最も雄弁で最も多様な音を発する動物の言語といえども何の意味があろうか。人間の多岐にわたる欲求、人間の分散した注意力、人間の鈍い感覚にとっては、一切の動物たちの曖昧な言語でさえも何であるというのか。動物たちの言語は人間にとって豊かでもなく、明瞭でもなく、対象を表現する点でも、人間の器官にとっても十分ではない——従って全然人間の言語になることはできない。というのは、言葉の遊戯に堕したくなければ、ある生物特有の言語とは、その生物の欲望や仕事の領域・感覚の構造・表象の方向づけ・欲求の強さにふさわしい言語にほかならないからである。そうだとすると、いかなる動物語が人間にとってそのようなものであろうか。

だが、そうした設問は不要である。(前述の無意識的な言語以外に)人間はそれぞれの動物類がその生活領域内で、また領域に応じて、その言語をもっているのと同じように、いかなる言語を本能的にもっているのだろうか。その答えは簡単である。全然もっていない。そしてまさにこの簡単な答えそのものが重要なのである。

どの動物の場合にも、われわれがみたように、その言語は衝動になるほどの激しい感覚的な表象の表出である。従って言語は感覚・表象・衝動と同様に先天的なものであり、その動物にとって自然そのものである。蜜蜂は蜜を吸うのと同じようにぶんぶんいう。鳥は巣をつくるのと同じように囀る。しかし人間は生まれながらにしては、どのように話すのか。人間は本能だけでは、すなわち動物としてはわずかなことしか、ないしは全然何もしないように、生まれながらにしては何も話さない。新生児の場合、その感じやすい生体の発する叫びを除けば、それは唖である。それぞれの動物がそれぞれの仕方でするようには、新生児は音によって表象や衝動をあらわすことはない。従って、そのままの状態で動物たちの間に入れられると、自然のなかの最も哀れな孤児であろう。裸で、むきだしで、弱く、貧弱で、臆病で無防備である。その哀れさをまとめていえば、生きるための一切の導き手を奪われているということである。非常に多岐にわたる弱められた感覚・まださだかでなく微睡んでいる能力・分割された精気のない衝動を与えられて生まれ、明らかに無数の欲求をもち、大きな生活圏に生きるように運命づけられ、しかも自己の欠陥を表現するための言語すら賦与されていない。これほどに顧られず、おきざりにされている。そうではない。そのような矛盾はけっして自然の配慮ではない。本能のかわりに人間の内には他の隠れた力が眠っているに違いない。生まれながらは唖、だがしかし――

第二章

やはり話を飛躍させないでおこう。私は人間にいきなり新しい力を認めはしない。言語を創造する能力を意識を伴ったかくれた性質とは認めない。私は先に述べた人間の欠如・欠陥のなかを探し続けていこう。

「しかし欠如・欠陥が人類の特性であるはずはない。」　すなわち、自然はどの昆虫に対しても非常にいつくしみ深い母親であったのに、人間に対しては実に厳しい継母であった。自然はどの昆虫にも必要なものを必要なだけ与えた。すなわち、形象への感覚と衝動になった形象、必要なだけの音声器官とこの言語を理解する器官を与えた。人間にあっては、感覚と欲望、もろもろの力と彼を待っている活動領域、器官と言語など、すべてがきわめて不均衡な状態にある。従ってわれわれには、比例関係のこんなにかけ離れた項を導きだすためのある中間項が欠けているに違いないのである。

もしわれわれがそれを見出すならば、全く自然に従ってそれを補うことこそ人間の特性、人類の性格となるだろうし、すべての理性と公正さとはこの発見を人間本来のもの、動物にとって本能がそうであるように人間の本質的な天性だと主張することを要求するであろう。

実際、われわれが「まさにこの性格のなかにかの欠陥の原因を、またまさにこの欠陥の真中に」、造形衝動のこのはなはだしい欠如の空洞のなかに「補充への萌芽」を見出すならば、この調和をはかる働きこそ、人類の方向がここにあるという、また「人類が多い少ないという程度の差ではなくて、質の違いで動物に優先している」という発生学的な証明になるであろう。

それにまた、われわれが、動物の本能に動物各種にとっての言語の成立の直接の根拠を見出したように、この新たに発見された人類の性格に、さらに「新しい種類の生物にとっての言語成立の必然的な発生学的根拠」を見出すとすれば、われわれは完全に目標に達したことになる。この場合には、「言語は人間にとって、彼が人間であるのと同じように本質的なものである」だろう。おわかりのように、私は意識を伴ったあるいは社会的な力からではなくて、普遍的な動物的法則から論を展開する。

さて、人間のもっている感覚が地球上のある小さな区域に対して、仕事に対して、この世の短い時間の享受に対して、その時期に生存する動物の感覚より鋭さの点で劣っているとしても、まさにそのことによって人間の感覚は自由という長所を得ることになる。まさに人間の感覚は一点のためにあるのではないがゆえに、世界のより普遍的な感覚なのである。

人間のもっている表象力は、蜂の蜜房やクモの巣をつくることに限定されていず、従ってまたこの領域内における動物の造形能力に劣っているにせよ、まさにそれとともに、人間の表象力には一段と広い展望がひらけるのである。仕事といえばただ一つしかないが、それを完璧にやりとげるということは人間にはない。しかし彼は自由な活動の場をもっていて、そこにおいて多くの仕事で自分の力を試し、従って常に自分を向上させていくのである。彼の考えはどれも自然の直接の産物ではないが、まさにそれゆえにそれは彼自身のした仕事になる。

このようにして単に感覚の構造と表象の領域から結果として出てくるものであって、盲目的な決定ではなかった本能が必然的に脱落するのであるが、まさにそれによって人間はより多くの明晰さを得るのである。彼はある一点をめざして盲目的に進み、盲目的にそこにとどまるのではなくて、彼の行動は自由であり、自己を映しだす領域を探し求めることができるし、自分を自分のなかに映してみることもできる。彼はもはや自然の手中にある完全無欠の装置ではなくて、彼自身が変革の目的・目標になる。

人間の力のこの仕組みの全体を知性・理性・意識などと好きなように呼ぶがよい。これが個別的な力または動物の力の単に程度の高いものに対する名前だとされるのでなければ、私にとってはどのような名前でもよいのである。人間のすべての力の仕組み全体、人間の感受しつつ認識し、認識しつつ意欲する本性の働き全体、あるいはむしろ思考作用の唯一の決定的な力、これが、動物の場合に造形能力となるように、人間の場合には肉体のある構造と結びつけられて理性と呼ばれ、人間にあって自由と呼ばれ、動物において本能となるものである。この相違は「力の段階、あるいは増補にあるのではなく、すべての力の全く違った種類の方向と展開にある。」人はライプニッツ派(36)であれロック派(37)であれ、サーチ(38)であれ、ノーウォール(39)であれ、*観念論者であれ唯物論者であれ、語句についての一致があれば、これまでの事柄によって、本題を、つまり人類固有の性格はこの点にあって、他のどこにもないことを認めなければならない。

＊ 新しい哲学書のなかで愛好されている分類に関しては、サーチの『自然の光』論 ロンドン 一七六八年

これに異論を唱えたすべての人々は、誤った観念と曖昧な概念によって誑《たぶらか》されたのである。彼らは、人間の理性とは、すべての動物よりも人間を優先させる付加物として人間に与えられ、従ってまた梯子の下三段の次の四段目のように、それだけ切りはなして考察されなければならないような、一つの新しい全く独立した力として人間の魂のなかにあるものと考えた。これはもちろん、どのように偉大な哲学者がそれを言おうとも、哲学上の不合理である。われわれおよび動物の魂のすべての力は形而上学的な抽象概念と働きにほかならないとは。それらが分割されるのは、われわれの弱い智力がそれらをまとめて考察することができなかったからである。それらがそれぞれ独立した形になっているのは、自然においてそのように独立した形で働いたためではない。未熟者はおそらくそうすれば最もうまくそれらを説明できるからである。われわれがそれらの魂の力の働きのあるものに、たとえば才智・英知・表現力・理性という項目をつけたということは、あたかも才智とか理性がただそれだけで作用するような、精神のただ一つの行動が可能であるかのように思わせるかもしれない。しかしそう

ではなくて、それはただ、われわれがこの行動のなかに、われわれが理性とか才智とか呼んでいる抽象概念について最も多くを、たとえば理念の比較対照または明瞭化を発見するからである。しかしどこであろうと、魂は分割されずに全体として働いている。もし人間がその際、完全に動物のようにそれぞれただ一つの行動をとることができたなら、彼は実際もはや全く人間ではないし、もはや全く人間の行動をとることができない。彼がただの一瞬でも理性なしでおれたのなら、どのようにして彼が生涯のうちいつか理性でもって考えることができるのか私にはわからない。すなわちその場合には、彼の魂全体、彼の本性の構造全体が変えられたのである。

もっと正確な概念によれば、人間の理性に従う性質、つまり人類の特性はやや別のもの、すなわち「感性や衝動に対比しての人間の思考力の全体的規定」である。そこで前述の類推をすべて援用すれば、まさしく次のように述べることができよう。

人間が動物の衝動をもっているとすれば、彼はわれわれがいま人間における理性と呼んでいるものをもつことはできないだろう。なぜなら、まさにこの衝動が人間の諸力を盲目的に一点にむかって呪縛するので、人間には自由な意識の領域が生まれなかったからである。

人間が動物の感覚をもっているとすれば、理性をもっていないに違いない。なぜなら、人間の感覚のはなばなしい敏感さこそが、感覚を通して激しく押しよせてくる表象こそが、一切の冷静な意識のめばえを窒息させるに違いないからである。しかしまさにこの調和を保つ自然の結合法則に従えば逆に次のようなことにもなるに違いない。

すなわち、動物的感性と一点に限られた閉鎖性が取りのぞかれるなら、別の生物が生じ、それの能動的な力はもっと大きな領域のなかで、もっと精巧な構造に従って、もっと明快にあらわれたであろう。この生物はばらばらに自由に認識し、意欲をもち、作用するだけではなく、自らが認識し、意欲をもち、作用することを知ってもいるのである。この生物が人間である。そして、われわれはこの人間の本質の仕組みの全体を、理性の本来の諸能力と混同するのを避けるために、意識性と呼ぶことにしたい。(40) 感性とか本能、想像力とか理性といった言葉はすべてただ一つの力をさまざまに規定したものにすぎず、その力においては、対立するものは互いに相手を消し合うから、まさにこの結合法則によって、次のような結果となる。

すなわち、人間が本能に従う動物でないというのなら、彼は魂の一層自由に作用する能動的な力のお蔭で、意識を働かせる生物とならざるをえなかったということである。この推論の連鎖をもう二、三歩先へ進めると、将来起こるかもしれない異論に対して非常に近道をして先手を打てるのである。

つまり、理性が分割され個別的に作用する力ではなく、すべての力の人類固有の方向であるなら、「人間は、彼が人間となった最初の状態で、すでに理性をもっていなくてはならない。」新生児の最初の思考においてこの意識性が現われなくてはならない。ちょうど昆虫が最初から昆虫であったのと同じようにである。いままでこのことを理解できなかった学者諸公が一人ならずいた。それゆえ、私が今とりあげている題材は、粗雑きわまりない嫌悪すべき反論で満たされている。しかし彼らがこれを理解できなかったのは、誤解していたためである。いったい理性によって考えるということが、完成しきった理性によって考えるということになるだろうか。乳児が意識性をもって考えるということが、乳児が教壇に立つソフィストや閣議における政治家のように理屈をこねるということになるだろうか。乳児が人をうんざりさせるような屁理屈を何も知らないのはこの上もない幸である。ではこの反論が、魂の諸能力のある特定の、多少とも訓練された使用を否定しているだけで、魂の能力がもっている能動的なもの自体をけっして否定しているのではないことがわからないのだろうか。実に、どこの馬鹿者が、人間は生まれたその最初の瞬間から、長年の修練を経た後と同じように考えるものだなどと主張するだろうか。もっとも、魂のすべての力の成長を否定し、それと同時に自分は大人に成長していないと告白するなら話は別である。しかしながら、世界におけるこうした成長とは、魂の諸力の一層容易で強力で多様な使用にほかならない。だから使用されるものはすでに存在していなくてはならず、成長すべきものはすでに萌芽として存在していなくてはならないのではなかろうか。それゆえ、また萌芽のなかに木の一切が含まれているのではなかろうか。子供は、禿鷹のような爪やライオンのたてがみをもっていない。同様に、禿鷹やライオンのように思考することはできない。しかし子供が人間として思考するならば、子供のもっているすべての力をこの本質的な方向へ集中させる意識性は、人生の最後の瞬間においてと同じように、人生の最初の瞬間においてすでに彼の運命である。感性が支配的である子供の場合にも理性が確実に現われているから、子供の魂をつくった全知の神は、この魂の最初の状態のなかにすでに、さまざまに織りなされる人生の行動のすべてを見ていたのである。たとえば、幾何学者が、与えられた条件に従って、級数の一つの項から級数の関係全体を見出すようなものである。

「それでも、この時点の理性は現実の力というより、潜在理性能力であったのだろうか。」例外などは証言にはならない。単なるただそれだけの能力だけでは、障害が立ちはだかっていなくとも、力とはなりえないような能力にすぎない。それは形づくりはするが、それ自身は形ではない造形用の型のようにむなしいものである。能力とともに、一つの傾向にむかう積極的なものがわずかでもなければ、何も存在しないのと同じである。それゆえ、「単なる」というような言葉は学校用の抽象概念にすぎない。この潜在的意識という似非概念をはなはだ眩惑的なものにしたあの現代フランスの哲学者*は、これから見るように、いつでも泡をすばらしいものに見せていただけであり、その泡を彼はしばらくの間追いたててゆくが、思いもかけずそれは途中ではじけてしまうのである。それに、能力のなかに何も存在しないなら、能動的要素は、何によって、魂のなかに入ってくるのであろう。最初の状態において、魂のなかに理性の能動的要素が何も存在しないのなら、その後において、どうしてそれが生ずるのだろうか。使用が能力を力に、単に可能性にすぎないものを現実のものに変えることができるというのは、言葉の詐術である。すでに力が存在していないのなら、もちろん力は使用され、応用されることはできない。そして最後に、魂のなかの理性能力と理性力というこの切りはなされた二つのものとはなんだろうか。どちらも理解できない。普通の程度の感性と構造をもったあるがままの人間を宇宙に置いてみよう。四方八方から、五官のすべてを通して、宇宙は奔流のように感覚として人間に襲いかかってくる。人間の五官を通して、人間的なやり方でならどうであろうか。この思考する存在は、動物よりも、刺激の洪水に押し流されることが少ないだろうか。この思考する存在は、自分の力を動物より自由にあらわす場をもっている。そして、この事情を「理性的」というのである。この場合、どこに単なる能力があるのか。どこにそれだけで独立した理性力があるのか。このような状況で作用しているのは魂の唯一の能動的な力である。——感性的であればあるほど、それだけ理性的でなくなる。理性的になるほど活気は失われる。明快になるほど、曖昧さは失われる。こういうことはすべてあたりまえのことである。しかし、どれほど感覚に支配された場合の人間でもやはり人間であり、従って彼のなかには、やはり意識性が働いている。ただ、目立たなくなっているというだけのことである。こうして、最も感覚的でない状態の動物でも、やはり動物である。だから、動物の考えがどんなに明晰でも、人間的な意味での意識性が働いたことはないのである。これ以上の言葉の遊びはやめておこう。

* ルソー『人間不平等起源論』など

単なる概念規定のためだけに、こんなに時間を費やしたのは残念である。しかしながら、これはやむをえないことであった。なぜなら心理学のこの分野全体が最近は、はなはだ荒廃してみじめな有様を示しているからである。また、フランスの哲学者たちは、動物および人間の本性の一見特異と思われる点について、何もかもごちゃまぜにしているし、ドイツの哲学者たちは、通常の思考法の視点に混乱が起こるのを避けるために、この種の概念の大部分を、概念に即してよりも自己の体系のためと自己の視点に即して整理しているからである。私も概念を以上のように整理することによって廻り道をしたわけではなかった。そうではなく、次のように、一気に目標に達したのである。

「人間は、彼に生まれつき具っている意識性の状態におかれて、この意識性を初めて独力で働かせたとき、言語を発明したのである。」なぜなら意識性とは、言語とは、次のようなもの以外の何であろうか。

すなわち、意識性とは人間固有の性格であり、人類という種族の本質であるが、言語およびその独自の発明も同様である。

「従って言語の発明は、人間にとっては彼が人間であるのと同じ位自然なことである。」

意識性と言語という二つの概念を詳述してみよう。

人間が意識性を示すのは、魂の力が非常に自由に活動し、その結果、すべての感覚を通じて魂のなかへ押寄せる感情の大海のなかで、もしこう言ってもよければ、そのうちの一つの波を魂が区別し、押しとどめ、注意をそれに向け、それに注意していることを自覚できるときである。人間は、感覚の傍をかすめ過ぎていくさまざまの像がすべてただよっている夢から目ざめるその瞬間に、自己を集中し、自由意志によって一つの像のもとにとどまり、その像に明白で、もっと落着いた注意を注ぎ、これはこういう事物であってそれ以外のものではないというしるしを区別できるとき、彼は意識性を示す。従って人間は単にすべての特徴を生き生きと、あるいは明瞭に認めることができるだけではなく、一つ、あるいはいくつかの特徴を他との区別を示す特徴としてはっきり認知することができるとき、意識性を示すのである。この認知という魂の最初の働きが人間に明白な概念を与える。それは魂の最初の判定である。*

* 生理学が魂の働きを解明することは稀だが、この面から統覚の性質を解明した最もすぐれた論文(41)は、一七六四年刊行のベルリン学士院論集中に収められている。

なにによってこの認知は起こったか。彼が区別しなければならなかったしるし、そして意識のしるしとして彼のなかにはっきりと残ったしるしによってである。さあ、彼は「わかったぞ」と対象にむかって叫ぶであろう。「この意識の最初のしるしが魂の言葉であった。この魂の言葉とともに人間の言語が発明されたのである。」

あの小羊を像として彼の前を通りすぎさせるとしよう。それは彼の眼には、他の動物の眼とは別なふうにうつる。空腹で獲物をさがしている狼の眼や獰猛なライオンの眼にうつるのとは別である。彼らはすでに心のなかで獲物を嗅ぎだし、味わっている。感性が彼らを征服し、本能が彼らを小羊に襲いかからせる。また小羊を単に自己の享楽の対象としか感じていない。従って同じく感性に征服され、本能的にそれに飛びかかる発情した雄羊の眼にうつるのとも違っている。羊に関心がない、従ってそれを明盲のように通りすぎさせる他のどのような動物の場合とも異なる。というのもこの場合、本能は彼らを何か別のものにむけているからである。――人間には小羊はそんなふうにはうつらない。羊を知ろうという欲求を感じるやいなや、本能によって彼は妨げられることはない。感覚が彼を羊にあまりに近づけることもなければ、それからあまりに遠くへ引き離すこともない。羊は彼の感覚に現われたそのままの状態でそこに立っている。白く、柔く、毛につつまれて――意識を働かせる人間の魂はしるしを求める――羊がメーと鳴く。魂はしるしを見出したのだ。内的感覚が働く。魂に最も強い印象を与えたこの鳴声、眺めたり、手でふれたりしてえられる他のすべての特性から引き離れ、飛びだし、最も深く魂のなかへ入りこんだこの鳴声が魂に留まる。羊がまたやって来る。白く、柔く、毛につつまれて――魂はそれを見、触れ、意識を集中し、しるしをさがす――メーと鳴く。するとそのとき、魂は再び羊を識別する。「あ、お前はメーと鳴くものだな」と魂は内で感じる。魂がそれをはっきりと、すなわち一つのしるしをもって、識別し、名づけたとき、魂はそれを人間として認めたのである。はっきりしていなかったらどうであろうか。そのとき人間の魂は羊に全然気づかなかったであろう。なぜなら、羊にむかう感性や本能が明白さの欠如を魂に一層生き生きと鮮明に補わないからである。はっきり直接にではあるが、しるしなしにではどうか。感覚をもつ動物はそんなふうに自分以外を感じることはできない。というのもそういう動物は常に他の感情を抑制し、いわばそれを否定し、常に二者の相違を第三者によって識別せざるをえないからである。ではしるしをもって認めた場合は。これこそ内的なしるし語以外の何であったろう。[42] 人間の魂によって羊の特徴と認められた「メー」という響きはこの意識の働きによって羊の名前となった。たとえ彼が一度もそれを口に出して言ってみようとしなかったとしてもそうである。彼はこの鳴き声で羊を識別した。それはつかみとられた記号であり、それによって人間の魂は一つの概念をはっきりと思いうかべたのである。これこそ言葉以外の何であろう。そして人間の言語全体はこのような言葉の集合以外の何ものでもない。従ってたとえ人間が他の人にこの概念を与えたりしなくても、またこの意識のしるしを他の人の前で「メー」と口真似しようとも思わず、またそうできなくても、そうである。彼の魂がこの響きを記憶のしるしに選んだとき、彼の魂はいわば魂の内側で「メー」と鳴き、このしるしで響きを認知したとき、再度「メー」と鳴いた。このとき――「言語が発明されたのである。人間が人間であるのと同じように、自然に、人間的必然性をもって発明されたのである。」

言語の起源について書いたたいていの人は、その起源を、それを発見できる唯一の点に求めなかった。それゆえ、彼らの多くの者の心には、言語の起源をどこか人間の魂のなかに見つけることができるだろうか、という深い疑惑がただよっている。ある人は言語の起源を人間の音声器官のより巧みな発音作用のなかに求めた。まるでオランウータンでも、人間と同じ音声器官をもてば、言語を発明することができたかのように。また他の人はそれを激情の響きのなかに求めた。まるで必ずしもすべての動物がそのような響きをもっているわけではなく、ある種の動物だけがそこから言語を発明したかのように。また別の人は自然を模倣する、従ってまたその自然の響きを模倣するという原理をもちだした。まるでそのような盲目的性向に従っているうちに何かが覚えこまれ、まさしくこの性向をもつ猿や、音を実に巧みに真似る黒歌鳥が言語を発明したかのように。最後に大半の者はその起源として単なる協約、相互協定を仮定した。これに対してルソーは最も強く反対した。というのも「言語のための自然な相互協定」などという表現はなんと曖昧で、混乱したものであろうか。言語の起源が人間にあるということについて従来言われてきたかくもさまざまな耐え難い誤りは、ついにそれとは反対の意見を殆ど一般的なものにしてしまった。私はこのような状態が続くのを望まない。実際は、言語をつくるのは口腔器官ではない。なぜなら一生唖の人でも、彼が人間であり意識性をもっていれば、彼の魂のなかに言語は潜んでいたからである。言語をつくるのは実際は感情から発する叫びではない。なぜなら呼吸する生体ではなくて、意識性をもつ生物が言語を考えだしたからである。魂のなかにおける模倣の原理でもない。自然の模倣は、ここで説明されるべきただ一つの目的のための一手段にすぎない。協定や社会の人為的契約などでは全然ない。森のなかの一人ぼっちの未開人でも、たとえ一言も喋らなかったとしても、彼は自分自身のために言語を発明しなければならなかったであろう。言語は人間の魂の自己との協定であり、人間が人間であるのと同じ必然性をもつ協定であった。他の人にはどうして人間の魂が言語を発明することができたのか理解できないと同じように、人間の魂はまさに今あるとおりのものであることによって、たとえ唖でも一人ぼっちでも、自ら言語を発明するに違いないのに、それをせずにどうして今のとおりのものでありえたのか私には理解できない。

反対者の批判ほど言語の起源を人間に求めるこの説をはっきり説明してくれるものはないであろう。言語の起源を神に求める説を最も徹底的に、くわしく弁護したまさにその人*は、他の人がただ指摘するだけだった表面的な点を突きやぶったために、言語の起源を真に人間に求める説の殆ど擁護者ともなるのである。彼はもう一歩でこの説の正しいことを証明するところまできていた。すなわち、ただもう少し正しく説明しさえすれば、この説に対する彼の批判の要点は、彼自身に対する批判になり、人間には言語をつくる可能性があるという、彼とは反対の意見の証明ともなるものである。彼が証明したと主張しているのは、「理性を使うためには、言語の使用が不可欠である」ということである。彼がそれを証明したのであれば、そこで証明されたものは、「理性の使用は人間に生まれつき具っているものであるから、言語の使用も同じように生まれつきのものであるに違いない」ということにほかならない。だが不幸にも、彼は彼の命題を証明したのではなかった。彼が大いに苦労して証明したのはただ、注意・省察・抽象作用などと同じように微妙で複雑なさまざまな行動は、魂がよりどころとする記号がなければ、正当には起こりえないということにすぎない。しかし、このような「正当には……ではない」「容易には……でない」「たぶん……でない」などの表現ではまだ問題は何一つ解決されていない。ごくわずかな抽象能力しかもっていないわれわれは、具体的な記号なしには、ごくわずかな抽象概念しか考えられないが、それに反し、他の動物は具体的な記号がなくとも、もっと多くのものを考えることができるといっているが、少なくともそこからはまだ、具体的記号がなければ独力では抽象概念はありえないという結論はでてこない。私が証明したのは、たとえば、理性の使用は単に正当であるということだけではなく、しるしがなければ理性の最もわずかな使用も、人間の意識がおこなう最も簡単ではっきりした認知も、最も単純な判定も不可能である、ということである。なぜならば、二つのものの相違は常に別の第三のものによってしか明らかにならないからである。従ってこの第三のもの、このしるしこそが内的なしるし語となるのである。つまり、言語は理性の最初の働きからごく自然に生じてくるのである。——ジュースミルヒ氏**は、理性の一段と高度な使用は言語なしには自然におこなわれないということを証明しようとして、そのためにヴォルフ[43]の言葉を引用しているが、ヴォルフはこの件に関してだけはごく漠然と語っているにすぎない。そもそもこの件は、問題の解明には何の役にも立たない。なぜならば、哲学で用いられている理性の一段と高度な使用などは言語を築くための最初の礎石に必要ではなかったからである。しかも、この容易に証明できる命題も、ジュースミルヒ氏は説明しているだけにすぎない。私の方は、理性の最初の、ごく低い段階の使用でも言語なくしては起こりえないということを証明したと思う。しかし、言語の発明にはすでに理性が必要なのであるから、いかなる人間も自ら言語をつくりだしたということはありえないと彼は断言する。そうだとするとすでに言語は、現われる以前に当然存在していなければならなかったであろうというのである。しかし私がこの永遠の独楽をとめてよく調べてみると、彼の言っているのは全く別のことなのである。すなわち、彼は「理性即言語」と言っているのである。いかなる理性といえども人間にとって言語なしにはありえなかった。よろしい、それでは言語の発明は人間にとって理性の使用と同じように自然で、古く、本源的で固有なものなのである。

* ジュースミルヒ 前掲書 第二章

** 同書 五十二頁

私はジュースミルヒ氏の推論方法を、際限のない独楽まわしだといった。それというのも、それを彼が私に反論するためにまわすことができるのと同様に、私も彼に反論するために利用することができるからである。独楽まわしは永遠に続く。言語がなければ人間は理性をもたないし、理性がなければ言語はない。言語と理性がなければ人間は神の教えを受けとることができないし、神の教えがなければ理性も言語をもつことはない。いったいどこまでこの先をつづけていけばよいのか。人間に理性がなければどのようにして人間は神の教えを通して言語を習得できるのか。それに人間は言語がなければいささかも理性を用いることができないのである。人間は理性をもち、あるいは理性をもつことができる以前に言語をもつべきなのか。それとも、自らいささかも理性を用いなくても、理性的になることができるのだろうか。神の教えを一語でも理解できるためには、ジュースミルヒ氏が自ら認めているように、人間でなければならなかった。つまり、はっきり思考できなければならない。そしてはっきりした思考がいささかでも働けば、すでに彼の魂には言語が生まれていたのである。つまり、言語は人間の自らの力で発明されたものであって、神の教えによってではなかったのである。私は、神の教えというとき、人々がたいてい何を考えるかをよく知っている。つまり、子供に対する両親の言語教育のことを考えるのである。しかし、それはここでは全くあたらないということをよく考えてほしい。両親が子供たちに言語を教えれば、子供達も必ず両親と一緒に自分で言語を発見するものである。両親は子供たちにある種の言語記号を用いて事柄の相違に注意をむけさせるだけである。そのとき両親は子供たちにかわってなにかをしてやるのではなく、ただ言語によって理性の使用を容易にしてやり、促しているだけなのである。それ以外の論拠から、例の超自然的な力によって人間の負担が軽減されると仮定したい人があっても、それはわたしの目的になんのかかわりもないことである。ただその場合、神が人間のために言語を発明したのではけっしてなく、人間が常にずっと自分の力の働きで、ただ一層高度の準備をうけることによって自己の言語を発明しなければならなかったのである。最初の言葉を言葉として、すなわち、理性のしるしとして神の口から受けとることができるためには、理性が必要であった。言葉を言葉として理解するためには、人間がそれを初めて考えだしたときと同じように、意識性を用いねばならない。そうなるとわが敵対者の鋒先は彼自身に向けられることになる。つまり、人間は神の言語を習うためには、実際に理性を使用しなければならなかった。そのような理性の使用は、言語を習っている子供が、オウムのようにただ言葉を何の考えもなく言わせられるのでなければ、常にやっていることである。だがオウムのように学ぶ連中は、なんと結構な神の弟子であろう。だが彼らが永遠にそのような学び方をするのなら、いったいわれわれは理性の言語をどこから得ることができよう。

わが好敵手が今も生きていて、彼の批判がもっと明確にされるなら、それは彼自身の言語神授説に対する最も厳しい反証にさえなり、従って彼は知らぬうちに自分の著書のなかでほかならぬ自己否定のための資料を集めていたのだということに気づくであろう。彼は「まだ全く理性にならない理性能力」という言葉のかげに身を隠すことはないだろう。なぜならば、どうみても、矛盾だらけである。理性をいささかも使用しない理性をもった生物、言葉をもたない理性を使用する生物。教えをうけることによって理性を与えられる理性なき生物、理性などないのに教えをうけることができる生物というわけである。いささかも理性を用いない生きもの――それでいて人間だというのである。生まれつきの力では理性を用いることはできないが、超自然的な力の教えをうけると自然に理性を使用することを覚える生きもの。全く人間的ではない、すなわち人間自身の力では生じえなかった人間の言語、しかも、それがなければ、人間本来の力をあらわすことができないほど人間的な言葉。それがなければ人間が人間でなかったもの。しかも、人間は人間でありながら、存在する以前に存在していて現われることができる以前に現われねばならなかったものをもっていなかったという状態など。人間・理性・言語をあるがままの現実の姿でみれば、そして「能力」（人間たりうる能力、理性能力、言語能力）という表現が無意味な幻影にすぎないことが暴露されれば、これらすべての矛盾は明らかになる。「しかし熊と一緒にいる野生の人間は言語をもっていただろうか。しかも彼らは人間ではなかったのか。」*確かにそうだった。だがまず第一に、それは反自然的な状態にいる人間、変種の人間なのである。石を植物の上に置いてみよう。するとそれはまがりくねって伸びはしないだろうか。しかもそれにもかかわらず、それは本質的にはまっすぐに伸びる植物ではないだろうか。そしてこのまっすぐ伸びる力は、この植物が石にからみついたときにすら、現われていたのではなかったか。従って第二には、変種の可能性そのものが人間の本性を示しているのである。まさに人間には動物のような圧倒的な本能がなく、実にさまざまなことをする能力が動物よりも劣っているがゆえに、要するに人間なるがゆえに、人間は変わることができたのである。もし人間に適応性に富む器官と柔軟な四肢がなかったら、あんなに熊同様に唸ったり這ったりするようになったであろうか。他のすべての動物、猿とかロバならそこまでうまくやれたであろうか。従って人間の本性は、このように本質に反したものになることができるという点にも作用しているのではないだろうか。しかし第三には、彼の人間的本性は、それでも依然として不変であった。なぜなら彼は熊と全く同じように唸り、這い、喰い、嗅ぎまわっただろうか。あるいは、彼はつまずきながら歩き、満足に言葉も喋れない人間熊のままで、従ってどっちつかずの二重動物のままでいつまでもいたわけではなかったのだろうか。彼の肌・顔・足・

舌が、熊の形に完全に変わることができなかったように、もちろん彼の魂の本質も変わることができなかったのである。彼の理性は感性に、熊のような本能に圧迫されて隠れていたが、それは依然として人間の理性であった。熊のような本能は、けっして完全な熊の本能ではなかったからである。最後にこの事実は、彼のその後の経過をたどれば明白である。障害がのぞかれ、この人間熊が人間のもとへ帰ってきたとき、彼らは、以前熊と一緒にいつも本性に逆って這ったり、唸ったりすることを学んだときよりも、もっと自然に立ちあがって歩き、喋るようになりはしなかったか。這ったり唸ったりすることはただ熊の真似をしてそうすることができただけであり、直立して歩いたり言葉を喋ったりすることは全く人間として短時間のうちに学んだのである。かつての森の仲間たちの誰が、こういうことを彼らとともに習いおぼえただろうか。熊の身体にも魂にもそうするための素質がなかったため、それを習うことができなかったので、人間の世界に這入ってきた熊なら、身体も魂も依然として野蛮な状態のままであったのではなかろうか。もし教育と習慣がこのような素質を人間に与えたのであれば、どうして熊には与えなかったのか。そしてもともと理性も人間性ももっていないものに、教育によってそれを与えるとはいったいどういうことであろうか。おそらくそれは、眼疾によって視力を奪われている眼に、針で視力を与えるというくらい不可能なことであろう。従ってわれわれは、最も不自然な例から、自然についての何を推論しようとしているのだろうか。しかしわれわれが、不自然な例だということを認めるならば、この不自然な例は何が自然であるかを証明するであろう。

＊ ジュースミルヒ　四七頁

人間の不平等についてのルソーの意見全体が、このような変種[44]の例を根拠としていることはよく知られている。そして言語が人間的なものであることに対する彼の疑惑は、誤った言語起源説に関係があるか、それとも言語の発明にはすでに理性が必要であったとする前述の異論に関係がある。前者の場合には彼の疑惑ももっともである。後者の場合には反駁される。しかもルソー自身によって反駁されるのである。彼の幻想である自然人[45]、この変種の生物は、ルソーによって一方では理性能力を与えられているが、他方では完成能力を特質として授けられている[46]。しかもこの性質をはなはだしく授けられており、自然人はあらゆる動物から学ぶことができるほどである。ルソーはこの自然人にいったい何を与えなかったというのか。われわれが望みまた必要とする以上のものを与えたのである。「そうだ、これは動物の本性なのだ。狼は吠え、熊は唸るのだ」という第一の思考が、すでに（「これは私にはないものだ」という第二の思考に結びつくことができるという観点のもとで見ると）、本当の意識のめばえである。「よろしい。これはまた私の本性でもあるだろう。これを模倣できればなあ。これを模倣してみよう。これによって私の種族はもっと完全になるだろう」という第三、第四の思考が続く。なんと綿密な前進的な意識の働きであろう。ただわずかに最初の意識のめばえを区別することができたにすぎない生物が、すでに魂の言語をもっていなければならなかったからである。話す術を生みだすところの思考する術をすでに身につけていたからである。猿はいつも無意識に真似ているのである。しかし意識的に模倣したことは一度もない。「私の種族をもっと完全にするために、模倣してやろう」などと意識性を働かせて自分に話しかけたことは一度もない。なぜなら、猿がこんなことをいつかやったとしたら、ただの一度でも模倣をわがものとし、選択と意図に基づく模倣を自分の種族の恒久的な性質にしたとしたら、ただの一度でも、そのような意識のめばえを考えることができたとしたら、たちどころにそれはもはや猿ではなくなったであろう。どれほど猿の格好をしており、舌を用いて一音も出さずとも、それは内面的には言語をもつ人間であって、遅かれ早かれ自己の外面的な言語を発明したに違いない。人間の音声器官のすべてをそなえていながら、しかしどのオランウータンがかつてただの一語でも人間の言葉を話したことがあったであろうか。

ヨーロッパにはこの場合、次のようにオランウータンに味方する連中もまだもちろんいる。「オランウータンはおそらく話すだろう。話すつもりになれば。あるいはそういう状況におかれさえすれば。あるいはそうできさえすれば。」できさえすれば。これが多分一番うまい言い方であろう。なぜなら、最初の二つの仮定は動物史によって十分に反論されているからである。しかもすでに述べたように、この可能性をオランウータンの場合阻んでいるのは音声器官ではないのである。(47) オランウータンは外面的にも内面的にもわれわれと同様の頭をもっている。しかしかつて喋ったことがあろうか。オウムやムクドリは十分人間の声の響きを習い覚えた。しかし、人間の言葉のただ一語でも考えたことがあっただろうか。一般にここではまだ言葉の外面的な響きは問題にはなっていない。われわれの今の問題は、明瞭な意識のしるしとしての言葉の内的・必然的な発生である。だがこのような言葉を、どのようなやり方であろうと動物が話したことがあっただろうか。思考のこのような脈絡や魂のこのような語り合いは、外に現わされさえしたら、いつでも人に気づかれたに違いない。どのようにであれ、外に現われさえすればよいのである。しかしかつてそれに気づいた人があっただろうか。狐はまるでイソップに描かれているような行動を千回もやっている。しかしイソップの言っているような意味で行動したことは一度もなかった。狐がイソップ的な意味の行動をすることができれば、そのとき狐先生は自己の言語を自ら発明して、イソップが彼について語っているように、今度はイソップについて寓話を語ることができるであろう。犬は多くの言葉と命令を理解するようになったが、言葉としてではなく、身振りや動作と結びついた記号としてである。犬が人間のいう意味でただ一語でも理解すれば、人間に仕えたりせず、自ら技術・共和国・言語をつくりだすであろう。一度言語の起源の正確な原点を見誤ると、誤謬が両側へはてしもなく広がっていくのがおわかりであろう。そのときには言語は、あるいは超人間的なものとなって神が発明しなければならなくなり、あるいは人間のものではなくなり、どのような動物でも努力すれば言語を発明できるだろうということになる。真実はただ一点をめざしている。それに焦点を合わせながら、われわれはしかしあらゆる側面にも注意をはらおう。すなわち、なぜいかなる動物も言語を発明できないのか。神は言語を発明してはならないのか。そしてなぜ人間は人間として、言語を発明でき、また言語を発明しなければならないのか。

これ以上私は形而上学的に言語の起源を神に求める仮説を論究したくない。この仮説の根拠の無さは、オリンポスに住む神神の言語を理解するためには、人間はすでに理性を、従ってすでに言語をもっていなければならないという点に心理的に示されているからである。私が一層かかわりたくないのは、動物語についての安易なデーターである。なんといっても動物語はすべて、これまで見てきたように、全体としても、また比較できないほどに人間の言語からかけ離れたものである。また私はここでまことに残念ながら、人間の魂における言語の発生という点から、論理学、美学そして心理学へと広がっていくさまざまな展望、特に、どのくらい人は言語をもたずにいることができるか、人は言語で何を考えねばならないかという、後に応用されて殆どすべての学問におよんでいく問題についての展望を断念しなければならない。ここでは「言語とは人類を他と区別する外面的特徴であり、理性は内面的な特徴であると認める」ことで十分だとしておこう。

従っていくつかの国語においては、「言葉」と「理性」、「概念」と「言葉」、「言語」と「根源」には同一の名称がつけられている。そして、この同意語にはその発生的起源のすべてが含まれている。近東人の場合、ある事物を認知することを命名というのは最もありふれた語法となっている。なぜなら、魂の奥底ではこの二つの行為は同一だからである。彼らは人間をもの言う動物とよび、理性なき動物をもの言わぬ動物と呼ぶ。この表現は具体的である。そしてギリシア語の「アロゴス」という語は、「理性をもたない」と「言語をもたない」という両方の意を含んでいる。従って言語は理性に本来具っている器官となる。古代人たちのあの敏感な魂の洞察力が眼にあらわれ、[48] 蜜蜂の本能が蜜房にあらわれるように、言語は人間の魂の具体的なあらわれとなるのである。

精神が自らつくりだした新しい感官が、その誕生と同時にまた他との交流の手段になるということは実にすばらしいことである。私が人間として最初の思考をもったり、最初の意識的な判断を下したりするときには、どうしても魂のなかで対話し、あるいは対話しようと努めるに違いない。従って人間の最初の考えは、本質的にいつでも他と対話できる用意が整っているのである。私がつかみとる最初のしるしは、私にとってのしるし語であり、他の人に対する伝達語なのである。

「このようにして、音声と感情を伝える手段としての言語が発明されたのである。」

——ホラティウス[49]——

第三章

プロメテウスの天上の火[50]が人間の魂のなかで燃えあがるその焦点が明らかにされた。すなわち、最初のしるしとともに言語が成立したのである。しかし、いったいどのようなものが、言語の要素となり得る最初のしるしであったのであろうか。

第一節　音を発するものの場合

チェズルデンの観察した盲人*[51]は、視覚の発達がいかに遅いか、魂がいかに空間や形や色を概念としてつかむことができないかを、また、これらのしるしを明確に使用するためには、いかに多くの努力がなされ、いかに多くの測量術を身につけなければならなかったかを示している。つまり、視覚は言語にとって最もふさわしい感官ではなかったのである。そのうえ、視覚の現われ方は非常に目立たないし、それに対して、視覚よりももっと粗野な感官の知覚能力はきわめて不明確で、いろいろな感覚と絡みあっているから、耳以外のいかなる感官も言語を最初に生みだすものとなることができなかったのは当然である。

＊『ロンドン王立協会哲学部会会報』（摘要）(52)。そのほか、チェズルデンの『人体解剖学』、スミス著・ケストナー訳の『光学』(53)、ビュッフォン(54)の『博物誌』、『百科全書』(55)および十種のフランス語小辞典などの「盲人」の項目にもでている。

たとえば、ここに羊がいるとする。自然という一枚の大きな風景画のうえでは、羊は像としてあらゆる対象、あらゆる形象、あらゆる色彩とともに目に映るのである。いかに多くのものが視覚にとびこみ、しかもいかに区別しがたいことであろう。あらゆるしるしはこまかく入りまじり、並びあっている。従ってどのようなしるしも、言葉では表現できないのである。誰も形を言葉で語ることはできないし、色を音で表現することはできない。

そこで羊を手で触ってみる。触覚は視覚よりも確かで具体的なものであるが、他方、あまりにも多種多様で区別しがたく入り混っている。誰が自分の手に感じたことを言葉で語ることができるであろうか。しかし、そら、羊は「メー」となくではないか。これであれほどにも区別することが困難であった色彩画のカンバスから、自然に一つのしるしが離れ出てきて、深くはっきりと魂の奥まで入りこんでしまうのである。

たとえば、チェズルデンの、例のかつて盲人であった人のように、十分な知識をもたぬ習いはじめのものは、「ああ、私はこれで今度おまえにあってもわかるだろう。おまえはメーとなくやつなんだ」

という。キジバトはクゥクゥとなく。犬はワンワンと吠える。かくて三つの言葉ができた。三つのはっきりしたイメージを自分の思惟のなかへ、自分の単語帳のなかへ書きこもうと試みたからである。理性と言語はともに手をたずさえて、恐る恐る第一歩を踏みだした。そこにいたる途中までは、生得の能力、すなわち、聴覚によってみちびかれたのであった。聴覚は、理性と言語にそのしるしの調べを奏でてきかせただけでなく、魂の奥底深くまでしみこませたのであった。音がした。魂はそれをしっかりと捉えた。かくて魂は、いわば「ひびき語」をもつことになったのである。従って、

「人間は聴きとる能力と、しるしをとらえる能力をもつ生物として、言語を発明するように生まれついている。」

そしてごらんの通り、盲人や唖すらも、神経麻痺や聾でさえなければ、言語を発明するに違いないのも当然であろう。彼を無人島にのんびりと静かに住まわせてみよう。自然は聴覚を通して彼の前に現われるであろう。彼の見ることのできない無数のものは、それでもやはり彼と語るように思われるであろうし、たとえ口と目が永久に閉ざされたままであっても、彼の魂は言葉を知らないままでいることはない。木の葉が、この哀れな孤独な男にカサカサと音をたてて涼風をそそぎ、ささやき流れるせせらぎが、彼を眠りのなかへ誘い入れ、ザワザワと吹きよせてくる西風が彼の両頬をなでるとき、——メーとなく羊が彼に乳を与え、サラサラと湧きでる泉が水を、カサカサとなる木が果実を与えるように——そのとき、これらのありがたいものを知りたいという関心が彼にあり、目や舌がなくとも、

魂のなかでそれをどうしても名付けたいという気持が彼にはあるであろう。木はカサカサさん、西風はザワザワさん、泉はサラサラさん、と呼ばれるであろう。これでもう、一冊の小辞典が出来上っており、音声器官によって言葉として仕上げられるのを待つだけなのである。しかしながら、この不具の身の人間がこれらの響きと結びつける表象は、いかに貧しく奇妙なものにならざるをえないことであろうか。*

* ディドロは『聾唖者についての書簡』(56)のどこにも、この主要問題にはほとんどふれていない。もっぱら、倒置とか、そのほかの些細な問題しか扱っていないからである。

それでは、人間のすべての感官を解き放ち自由にしてみよう。人間に語りかけるあらゆるものを、同時に見、触れ、感じるようにしてみよう。そうすれば、人間にはなんとおびただしいイメージや言語が満ちあふれることであろう。わざわざメルクリウス(57)やアポロを、オペラの機械仕掛けの雲(58)にのせて地上にいざないくる必要はもはやない。多くの調べをもつ神的な自然全体が、言語を教えてくれるのであり、いわばミューズの女神だからである。

そのとき、自然界のあらゆるものが人間のそばを通りすぎ、それぞれ自分の名前を口にし、この神ともみえる人間に、自らその下僕であると名乗るのである。そして、人間がこの名前をきけば自分を思い起し、これからも自分をその名前で呼び、受けいれてくれるように人間にそのしるし語を手渡し、彼の台帳に記録してもらうのである。

私は問う。「人間は悟性によって自然界を支配しているが、その悟性こそが、響きをだすもののさまざまな音から、人間が判別するしるしとして抽出した一つの生きた言葉を生みだしたのであった」という真理、この動かしがたい、しかも冷厳な真理が、次の言い方以上に崇高に、美しく、寓話風に表現されたためしがかつてあったであろうか。すなわち、「人間がそれをいかに名づけるかを確めようとして、神は動物を人間のもとへ導いてきたのであった。動物は人間が名付ける通りに呼ばれるべきなのだ。」(59) いったい、これ以上はっきりと寓話風に、詩的な言い方で表現されることができるであろうか。

「人間自らが言語を創造したのだ。生きた自然界の音から、自然を支配する力をもった悟性のしるしとして。」

そしてこれこそが、私の証明しようとしていることなのである。

天使乃至天上の精霊が言語を創造したとすれば、その言語全体の構造は、当然この精霊の思考法をそのまま映しだしていなければならないであろう。というのも、一枚の絵が天使によって描かれたとしたら、その絵のタッチにみられるこの世ならぬ天使らしさから、そのことを見分けるほかはないからである。われわれの言語の場合、しかしそれはいったいどの点にみられるのであろうか。この言語という宮殿の構造と見取り図、いや最初の礎石にも、人間臭さはうかがわれるのである。

いったい、いかなる言語において、神的霊的概念が第一の概念であろうか。人間の思考する精神の秩序からしても主たる概念でなければならないあの概念、すなわち、共通概念であり、われわれの認識の中核であり、また、あらゆるものがそれを中心に回転し、それに帰っていく点である主語、これらの生きた点が言語の基本要素であろうか。それならば、やはり当然のこととして、述語よりも主語が、同じ主語でも、複雑な主語よりも単純な主語が、不確かで偶然的なものよりも本質的な確かなものが（実際、こういったことは枚挙に遑がないであろうが）、それぞれ先行したに違いないはずである。

ところが、原初の言語では、至る所ではっきりとしたその正反対の現象が生じているのである。その原初の言語には、耳をつかって聞く生物は認めることはできるのであるが、天使などはどこにも認めることはできないのである。というのも、音を発する動詞こそ、第一の決定的な基本要素だからである。

第一の基本要素が音を発する動詞とはどういうことであろう。行為があって、それでいて行為する主体はまだ存在せず、動詞があって、それでいて主語はまだ存在しないとはどういうことであろうか。天使ならば、おそらくこの事実を奇異と感じるかもしれないであろうが、しかし、感官をそなえた人間にとってはなんら不思議なことではないのである。というのも、すでにみたように、この音を発する行為以上にこの人間に深くふれたものがあったであろうか。だからこそ、言語の構造様式全体は、人間の精神の一つの発展のあり方、人間のさまざまな発見の歴史にほかならないのである。言語の起源を神に求める言語神授説では何の説明にもならず、そこからは何の説明をも生みだすことはできない。言語神授説とは、ベーコン(60)が別の問題について述べている通り、竈の聖なる斎女《いつきめ》ヴェスターリン(61)なのである。つまり、神に捧げられた身であるが石女であり、信仰厚い身ではありながら何の役にも立たないものなのである。

従って最初の語彙は、自然界の全領域の音から集められた。音を発するあらゆる生物からその名前が音となって現われ、魂はそれを形象として仕上げ、その音を識別のしるしと考えたのである。この音となって現われた間投詞が最初の語となったとしか考えられないであろう。だから、たとえば近東の諸言語は、言語の根としての動詞で満ちあふれている。事象そのものについての観念は、まだ行為者と行為の間の区別が明確ではなかった。従ってどのように事象が音を発するかによって、その音が事象の名前を示さねばならなかった。そこで、動詞から名詞が生まれたのであって、名詞から動詞が生まれたのではないのである。幼児は羊を羊と呼ばずに、メーとなくものと呼び、このようにして、間投詞を動詞にする。この事実は、人間の感覚の次元では説明可能となるが、さらに発達した精神のもつ論理においては説明されえないのである。

すべての古代の未開言語には、このような成立の痕跡が多くみられる。そして、もし近東語辞典のなかで、すべての幹語が、その派生語との関係が明らかにされ、しかるべく発達の順序を追って説明されているならば、その幹語は人間精神の歩みを示す一枚の系図、人間精神の発展史となっているであろう。そしてこのような完全な辞典が一冊あれば、それは人間の魂の発明術の最もすぐれた証明となるであろう。しかし、同時にまた、それが神が言語を創造し、言語を教えたということの証明であるかどうか、私には疑わしく思われるのである。

自然界全体が音を発するのであるから、自然が生きており、言葉を話し、行動するということは、感覚をもった人間にとっては当然のことである。かの未開人は、みごとな梢をもった高い木をみて驚嘆した。「梢がザワザワといったぞ。神がここにおられるのだ。」未開人はひざまずいて祈りを捧げる。ここに、感覚をもった人間の歴史が、動詞から名詞が生まれる不思議な絆が、つまり、抽象化へのごくかすかな歩みがみられるのである。

たとえば、北アメリカの未開人のもとでは、今でも万物が生命をもっている。つまり、どのような事象も、すべてそれぞれの守護神や精霊をもっているのである。そしてギリシア人や近東諸国の人間にとっても事情は全く同様であったということは、彼らの最古の語彙と文法をみれば明らかである。創造する人間にとって自然全体がそうであったと同じく、彼らの語彙と文法は、いわば神神のつどう神殿であり、行動する生物の王国であった。

しかし、人間があらゆるものを自分に関連づけ、あらゆるものが人間と話をするように思われ、実際上、彼に好意的に、あるいは敵意をもって行動し、従って、人間もそれらに協調し、あるいは敵対し、愛し、あるいは憎み、つまり、あらゆるものを人間的に表象したことによって、これらすべての人間的なものの痕跡が最初の名称のなかにも刻印されることになったのである。最初の名称もまた、愛か憎しみを、呪いか祝福を、やさしさか嫌悪を語っていたのであり、とりわけこのような感情が、きわめて多くの言語において「冠詞」の形をとったのである。

ここにおいて、あらゆるものが人間的に、つまり、女性と男性に人格化されることになった。至る所に神や女神、悪意をもった、あるいは善意をもった行動する生物がいる。荒れ狂う嵐とやさしい南風、澄んだ泉と力強い大洋、これらのあらゆる神話が言語の鉱脈のなかに、古代の言語の動詞と名詞のなかにあり、こうして最古の語彙は、言語を初めて創造した人間の感覚にとって、自然と同様、いわば音を発する神殿であり、二つの性のつどうところとなったのである。

ここでは、古代の単純な未開民族の言語から、彼らの神話の場合と同様に、錯綜した人間の想像力と感情を学ぶことができる。同じ語源から生まれた一群の派生語は、いわば感官によってとらえられた主要概念のまわりに絡みあっている繁みのようなものである。たとえば、一本の聖なる樫の木には、この樫の精を創造したものが抱いた印象の痕跡がまだ残っている。言葉を創造するものには、さまざまの感情が紡ぎあわされている。そして、動くものは生きており、音を発するものは話している。とすれば、それは君に対して好意をもって音を発しているか、反感をもって音を発しているかであるから、それは友であるか敵である。神であるか女神である。それも君と同じように感情から行動しているのである。

私は、彼らのこうした思考方法のゆえに、感覚をもった人間を愛する。愛し、憎み、信頼し、恐れなければならず、この感情を自分の胸中に収めておくことができず、あらゆる生物のうえに広げたいと願う弱く内気な人間が至る所にいる。全宇宙を必要とし、一切のものを自己との争いと平和のなかにまきこむ、弱いがまた力強い人間が至る所にいる。彼らは一切のものに左右されながら、しかも一切のものを支配しているのである。詩作と言語の増殖は、従って人類の関心事であり、言葉という生殖器が、いわば人類の繁殖の手段なのである。

ところで、もしも言語を天使が天から運びおろしてきたのだとしたら、どうであろうか。この天からやってきた天使は、われわれの地球上で愛と弱さ、憎しみと恐れのこのような感情にまきこまれて、一切のものを愛情と憎悪のなかへ編みこみ、一切の言葉を恐れと喜びで表現し、ついには一切のものをこの二つの媾合に基づいてつくりあげたのであろうか。人間と同じように見たり感じたりしたために、天使には名詞が性と冠詞との組み合せとならなければならず、動詞を能動語と受動語として結びあわせ、これらの語にかくも多くの嫡出や双生の派生語を生むことを許したのであろうか。要するに、彼はすべての言語を人間的な弱さの感情に基づいてつくりあげたのであろうか。天使はこのように見、感じたのであろうか。

言語の起源が超自然的であるという説の擁護者にとっては、「殆どの語源は一音節であり、動詞は殆ど二音節である。従って言語は記憶力の度合いに応じて分類されている」ということは、言語が神によって秩序づけられているということである。この事実は正確ではなく、従ってその結論は疑わしい。最古のものであるとみなされている言語で、今に名残りとして残っているものでは、その語源はすべて二音節であることを、前述のことから私は十分に説明することができる。なぜなら、反対の仮説には、いかなる根拠も見出さないからである。すなわち、これらの動詞は、直接に音を発する自然界の響きや間投詞に基づいてできており、これらは今でも、しばしば動詞のなかで音となって現われ、さらに、ときには間投詞としても残されている。しかし、言語が形成された段階では、それらは、完全には言葉になっていない音として、たいていは消失しなければならなかったのである。従って、近東諸言語には、このような不完全な音を操る最初の試みは見られない。しかし、そうした試みが見られず、ただ、その名残りだけが一様に動詞のなかで音となって現われているということ、これこそ、まさに言語が自然に根ざしているものであるということ、そして言語が人間によって創造されたものであるということを証明しているのである。これらの幹語は、神の悟性から出てきた宝物であり、抽象物なのであろうか。それとも、傾聴する耳がとらえた最初の音なのであろうか。不完全な音をだす最初の響きなのであろうか。確かに、幼年期の人類は、幼児が舌足らずのままで話すような言語を創造したのであった。それは育児室で話される舌足らずの語彙である。それが大人の話す言葉のどこに残っているであろうか。

多くの古代人が口にし、また多くの近代人がよく考えもせずに口真似してきたこと、すなわち、「詩は散文よりも古いものである」という考えは、以上のことによって具体的に肉付けされる。というのは、最初の言語は詩を形づくる諸要素の集積にほかならなかったからである。

最初の言語は、音を発し行動し躍動する自然の模倣であった。それはすべての生物の発する間投詞からとられ、人間の感情の間投詞によって生気を与えられたのである。つまり、すべての生物が本来もっている言語が悟性によって音声につくりあげられ、行為・感情・生き生きした活動の形象へとつくりあげられていったのである。それは魂の語彙であり、同時に神話であり、一切の生物が行為し、話すことについてのすばらしい叙事詩であった。従って、感情と興味に満ちあふれた、絶えることのない寓話詩である。そもそも、詩とはそうしたものにほかならないのではないであろうか。

さらに、古代の伝承によれば「人類の最初の言語は歌謡であった」(62)といわれている。そして、音楽的才能に恵まれた多くの連中は、お人よしにも、人間はその歌謡を、おそらく鳥類から学びとったのであろうと信じてきた。そのことは、なるほどよく信じられている。精密な歯車、新しく仕組まれた発条《バネ》と分銅を完全に兼ねそなえた大きな立派な時計ならば、おそらく多彩な音の鐘楽を奏でるであろう。しかし、力強い動力・欲求・鋭敏な感受性、殆ど本能的に作用する注意力、そしてさらには、さほど繊細でない咽喉をそなえた原始人が、夜鶯《ナイチンゲール》を真似し、ナイチンゲールから言語を学びとるためにただじっと座っていたなどとは、たとえどんなに多くの音楽や詩の歴史に記されていようとも、私には理解しがたいことである。もっとも、(ライプニッツ*(63)も考えついたように)楽音によってあらわされる言語も考えられぬことではないであろう。しかし、最初の自然人にとっては、こうした言語はありえないことであった。そのような言語は、全く人工的で繊細すぎるのである。

＊ ラスペ編『哲学論集』二三三頁

万物の秩序のなかでは、それぞれの物がそれ特有の声をもっており、その声に応じた言語をもっている。愛の言語は、ナイチンゲールの巣では甘美な歌声であり、ライオンの洞窟では咆哮であり、獣の住む森のなかでは熱情的な叫びであり、猫の屋根裏では悲鳴である。それぞれの種族が、人間にきかせるためではなく、自分たち同士のためにそれぞれの言語を、しかもそれぞれの種族相互の間で、ペトラルカのラウラに捧げた歌(64)のように快い愛の言葉を語るのである。従って、ナイチンゲールが、一般的に想像されているのとは違って、人間にきかせるために歌うことは殆どないのと同様に、人間がナイチンゲールの口真似をすることによって言語を創造しようなどと思った可能性は、殆どなきに等しいであろう。そして事実、洞窟であれ、狩猟の森のなかであれ、そこに住む人間の姿をしたナイチンゲールなどというものは、なんと奇妙な化物であることか。

従って、最初の人間の言語が歌謡であったのであれば、それはナイチンゲールの歌声が、いわば羽のはえた肺とでもいうべきナイチンゲール自身にとって自然であり、ふさわしいのと同じように、人間にとって自然で、人間の器官や本能にふさわしいような歌謡であった。そして、それはまさしくわれわれのひびき語であったのである。

コンディヤック、ルソーその他の人々は、古代の言語の韻律や歌謡の起源を感情の叫びに求めることによって、この点、半ば本筋に近づいたのである。もちろん、感情が最初の音に生命を吹きこみ、それを高次なものにしたことは疑いないところである。しかし、この歌謡は、事実、人間的な言語であったのであるが、それが感情の単なる音からはけっして生じえなかったように、こうした歌謡を生みだすためにはまだ何かが欠けており、その欠けていたものこそ、まさに、それぞれの生物をそれぞれの言語に応じて命名することであった。その場合、自然界全体は人間にむかって歌ってきかせ、音を響かせていた。従って、人間の歌謡は人間の悟性が要求し、人間の感情がとらえ、人間の器官がそれを表現した限りにおいて、これら自然の音声のすべての音楽会であった。かくて歌謡が生じたが、それはナイチンゲールの歌声でもなく、ライプニッツのいう音楽的言語でもなく、動物たちの単なる感情の叫びでもなかった。それは確かに、すべての生物がもっている言語表現の一つではあるが、人間の音声の先天的な音階の範囲内での表現であった。

言語が後にもっと規則的に、単一的に秩序づけられるようになったときでさえも、言語は、多くの未開人の抑揚が証明しているように、なお相変らず、一種の歌謡であることにかわりはなかった。この歌謡が、後に純化され洗練されて、最古の詩や音楽ができたということは、すでに何人かの人々によって証明済みである。今世紀において、詩と音楽のこうした起源についての研究をおこなった英国の哲学者*は、言語の精神を彼の研究から締めだし、詩と音楽をおよそ見当ちがいの一つの結合点に閉じこめてしまうような体系をめざしたのであった。しかし、もし彼が詩と音楽の起源を、人間の資質全体に求めることを狙いとしていたのならば、彼は最大の成功を収めることができたであろう。

＊　ブラウン(65)

そもそも、古い文芸の傑作はこうした歌謡時代の残滓であるから古代の詩とかギリシアの悲劇や朗読から勝手に綴りあわされた見当ちがいの知識・すりかえ・誤った鑑賞眼はおびただしいのである。今日なお、こうした時代が現実として残っている未開人の間で、これらの詩の読み方を学んだ学者がいるならば、この点に関してさぞいろいろなことを言うであろう。普通はただ、裏がえされた絨毯の図柄をみているにすぎない。ちょうど、「切りきざまれた詩人の四肢」(66)をみているのも同然である。しかし、もし私が言語についての個個の見解にいちいちかかわりあおうとすれば、はてしない荒野に踏みまようことになるであろう。従って、言語の最初の発明の過程に戻ることにしよう。

音から悟性によって、しるしとして刻印されて言葉が生じたという過程は、非常に明快であった。しかし、すべての対象が音を発するとは限らない。こうした対象に対しては、人間の魂がそれらを命名する手掛りとしてのしるし語はどこから得られるのであろうか。響きでないものを響きにかえる術を人間はどこから得るのであろうか。「メー」という鳴き声から羊に名前が生じたのと同じ方法で色彩やまるみに名前が生じるとしたら、この名前と色彩やまるみとは、どんな関係があるのであろうか。

言語の起源を超自然的なものに求める説の主張者たちは、この点に関して、直ちにみごとに答えることができる。「その関係は随意的なものである。なぜ緑色と呼ばれ、青色と呼ばれないのかは、誰もわからないし、神の悟性のなかに探し求めても無駄なことだ。おそらく、神はその名前が気に入られたのだ」というのである。こういってしまっては論理の糸は絶ち切られてしまう。言語の発明の仕方についてのすべての論理は、従って、随意に宙をさまよい、われわれにとっては一切の言葉が謎の如き隠れた性質のものであり、随意的なものになってしまうのである。

私がこの場合、「随意的」という言葉が納得できないことを悪くとらないでいただきたい。ある言語を随意に、選択の根拠もなく頭ででっちあげるということは、少なくともすべてに対して、わずかとはいえ、なんらかの根拠をもちたいと思う人間の魂にとっては、肉体が死ぬほど撫でまわされるときに感じるのと同じほどの苦痛である。そのうえ、その諸能力が戯れに無駄なことを弄するほどには、まだ十分には洗練されていず、不器用で力ばかり強く、さし迫った理由がないようなことは何もせず、無駄なことは何もしたくない粗野で感覚的な自然人の場合には、理由もない空虚な勝手気ままさから言語を発明するなどということは、人間の天性から類推される結果に反することなのである。全く随意的に考案された言語などというものは、そもそも、一切の人間の知的能力から類推される結果には矛盾しているのである。

従って、本題に帰ることにしよう。

第二節　音を発しないものの場合

自分の能力だけにしか頼ることのできない人間は、全く音を発しないものの場合には、いかにして言語を発明することができたのであろうか。

視覚と聴覚・色彩と言葉・匂いと音とは、どのように関連しあっているのであろうか。対象において関連しあっているのではない。しかし、対象におけるこれらの性質とは、いったい何であろうか。それは単に、われわれのなかで感官によってさまざまに知覚されたものであって、またそのようなものとして、それらは一つのものに合流しているのではないであろうか。われわれ人間は、思考する「感覚の総体」であり、ただささまざまな側から刺激をうけているにすぎない。このことから説明がつくのである。

すべての感官の働きの基礎になっているのは感触であり、すでにこの感触というものが、実にさまざまな種類の感覚に密接・強力な、名状しがたい結びつきを与えており、そのために、この結びつきからきわめて奇妙な現象が生じてくる。

私は、次のような例を一つならず知っているのだが、たとえば、ある人は生来、おそらくは幼児期の印象のためであろうが、ある響きを聞くと、直接反射的にある色が、また、ある現象に出あうと、それと全く関係のない曖昧な感情が、どうしても浮んでくるということがある。そうした感情は、理性によってゆっくりと比較してみれば、事実はおよそそうした現象とはなんらの関係もないのである。なぜなら、響きと色、現象と感情とを誰が比較することができるであろうか。われわれのなかには、全く関係のないさまざまな感官のそのような結びつきが無数にある。ただ、われわれは、まさに平静さを失ってしまった発作的な状態、想像力の病的な状態またはその病的状態が異常に目立つようになるときに、そういう結びつきを認めるのである。

ふつうの場合、われわれの思考過程は、非常に早く進行し、われわれの感覚の波は非常に曖昧に重なりあってざわめいている。そして、われわれの魂のなかには、同時に非常に多くのものがあるので、われわれは大部分のイメージについては、まるで泉のほとりで居眠りしているようなものであって、もちろん、それぞれの波のざわめきは聞こえているのではあるが、しかしそれはとてもぼんやりしているので、ついには眠りがわれわれから一切のはっきりした感覚を奪ってしまうのである。(67) もしわれわれが思考の連鎖運動を止めて、一つ一つの部分についてその結びつきを探ってみることが可能であるとすれば、なんと奇妙なことが認められることであろう。全く関係のない、さまざまな感官の間に見られる類推は、なんと奇妙なことであろうか。しかも、実際はこの奇妙な類推に従って魂がよどみなく働くのである。全くただ理性だけをもった存在にとってみれば、われわれすべては、抜目なく考えるくせに不可能で不合理な結びつけ方をする例の狂人の類に似ていることであろう。

多くのさまざまな感官を通して、同時に感じる感覚動物においては、イメージのこういう集合は避けることはできない。なぜなら、すべての感官は、魂という一つの絶対的な力のさまざまな表象にほかならないからである。われわれはそれを区別する。しかし、それは再び感官によってするにすぎない。従って、その表象の種類を表象の種類によって区別するにすぎないのである。

われわれは大いに苦労した結果、それらを実際に使用するときには区別できるようになっている。しかし、それはある根底においては、いぜんとして共通なのである。ビュッフォン、コンディヤックおよびボネ(68)のいう「感じる人間」における感覚の分析はすべて抽象である。学者は、感覚を分析する際、一つの糸をたどっている間は他の糸は放置しておかざるをえない。しかし、実際はすべての糸が一つの織物になっているのである。

ところで、感官がぼんやりしたものであればあるほど、それだけ一層、いろいろな感官の働きが混りあう。一つの感官をほかの感官とはなして使うこと、それも巧みに明確に使うことをまだ知っていなければいないほど、また、それが幼稚であればあるほど、感官の働きはそれだけ曖昧になる。このことを言語の始まりに応用してみよう。人類がまだ未開で未熟であったからこそ、言語を容易に創造しえたのである。

人間がこの世界に登場した。彼はおびただしい対象の海のただ中に、突然投げだされたのである。彼は対象を区別し、感官を認識し、その認識された感官だけを使うことを学ぶのに、なんと苦労せねばならなかったことであろう。

視覚は最も冷静な感官である。長年の苦労と訓練の結果、われわれにとってそうなったのであるが、もともと同じように冷静で客観的で明確であったとしても、目に見えるものを耳に聞こえるようにすることがどうしてできるのか、私にはわからない。しかし、生まれつきそういう配慮がなされており、この二つの間の関係は近いものにされていた。なぜならば、視覚でさえも初めは、子供や盲人であった人が証言しているように、触覚にすぎなかった。目に見える殆どのものは動く。多くのものは動きのなかで音を発する。音を発しなくても、動くものは初期の状態の目に、いわばもっと近く、直接すぐ先にあり、従って、触れるように感じとることができるのである。ところで、触覚は聴覚に非常に近い。たとえば、ゴツゴツ・ザラザラ・サラサラ・モワモワ・スベスベ・フワフワ・カチカチ・ツルツル・スルスル・モジャモジャなどの触覚上の音声表現は、すべて表面について述べているだけで深いところへは全然働きかけていないのであるが、それはまるで手で触れて感じているような音を発しているわけである。このような聴覚と触覚の合流してくる感覚のひしめきのなかにいて言葉をつくる必要があった魂は、その感覚が本来の感官の感じる感覚と合流した隣接の感官の言葉をつかみとるということもあったかもしれない。このようにしてすべての感官にとって、そして最も冷静な感官、つまり視覚にとってさえも言葉ができたのである。

稲妻は響きを発しない。しかし、

「今、一閃、天と大地を照らしだし、
あっという間もあらばこそ、
早くも闇の奈落に消えていく」[69]

この真夜中の使者を、今もし言葉に表現しようとするのであれば、もちろん、目が受けとった実にすばやいという感じを媒介する感情を介して耳に与える言葉――「ピカッ」という言葉ができるであろう。匂い・音・甘い・にがい・すっぱいなどの言葉はすべて、まるでそれを感じるかのように聞こえる。なぜなら、もともとすべての感官は感触にほかならないからであるが、感触がどのように音として表出されうるのかということは、すでに第一章で、感情をもつ生体組織の直接的な自然法則として認めたので、これ以上ここでそれを説明しようとは思わない。

かくてすべての困難な問題は、証明済みの次の二つの明白な命題に帰することができる。

一、すべての感官は魂のさまざまな表象の仕方にほかならないのであるから、もし魂が明白な表象、従って、しるしをもってさえいれば、魂はそのしるしとともに内的な言語をもつことになる。

二、すべての感官は、特に人類の未開状態においては、一つの魂のいろいろな感じ方にほかならないのであって、しかもすべての感触は動物的本性の知覚法則によって、直接に自分の音をもっているのであるから、この感触が深まってしるしという明白なものになりさえすれば、言葉は外的な言語となる。

この問題において、われわれはいかに人間は、生まれつきあくまで自分で言語を発明するように形成されてきたかということについての多くの奇妙な考察に出くわす。ここにそれを要約すると、次のようになる。

「人間はもっぱら聴覚を通して自然の教えてくれる言語を受けとるのであって、聴覚なしには言語を発明することはできないのであるから、聴覚は、ある意味で人間のもついろいろな感官の中間に位置する感官、精神へ達する本来の扉、ほかの感官の結合帯になったのである。」

私は自分の見解を次に述べたい。

一、聴覚は、外部からの刺激を知覚する領域という点で、人間のもつ感官の中間に位置する感官である。触覚はすべてを自分のうちに、自分の器官のなかでのみ感じる。視覚は、われわれをわれわれから遠く離れたところへ運ぶ。それに対し、聴覚は伝達可能性の程度という点で中間に位置しているのである。この聴覚は、言語のために何をするのであろうか。

理性をもった生物であっても、触覚がその主要な感覚になっているような（そういうことがありうるとして）そういう生物を仮定してみよう。彼の世界はなんと小さいことであろう。そしてその生物は、この世界を聴覚によっては感じないので、なるほど、多分昆虫と同じように巣をつくることはあっても、音によって言語をつくることはないであろう。他方、全身これ目といったような生物がいれば、彼の観察の世界はなんと無尽蔵であろう。彼は測り知れないほど遠くへ運ばれ、無限の多様性のなかに分散されることであろう。彼の言語は(そういうものはおよそ想像もつかないが)一種の無限にこまかいパントマイムになるであろうし、彼の文字は色彩と線による代数学になるであろう。しかし、それはけっして音となって表出される言語とはならない。われわれ聴覚型の生物は、これらの中間に位置する生物である。われわれは見、そして感じる。ところが、この見られ感じられる世界は、実に音となってあらわれるのである。その世界がその音によってわれわれに言語の創造の手引きをしてくれるのである。われわれは、いわばすべての感官を通して聴覚そのものになるのである。

われわれ人間が占めるこのような位置は、なんと都合のよいことであろうか。そのことによって、どの感官も言語能力をもつようになるからである。もちろん、聴覚はそもそも、ただ音を与えるだけであり、人間は何も創造することはできず、ただ発明するだけ、ただ模倣することができるにすぎない。しかし、一方の側では、触覚が隣りあわせになっていて、他方の側では、視覚が隣の感官である。そこで感じとられたものは一つになり、従って、そのすべてはしるしが音となる領域に近づく。こうして見られたもの、感じられたものもまた音となって耳に聞こえるものとなる。そして中間に位置し、統合する感官が言語のための感官になったのである。われわれ人間は言語動物なのである。

二、聴覚は明確さと明晰さという点で、諸感覚の中間に位置する感覚であり、従って、この点でも言語のための感覚である。触覚はなんと曖昧であろうか。それは麻痺させられるのである。触覚はすべてを入り混じったまま受けとる。従って、触覚では認知するためのしるしを見分けるのは困難である。結局、触覚は言葉にあらわして言うことはできないのである。

この点でも、視覚はあまりにも明晰すぎる。視覚は、あまりにも多くのしるしを提供するので、魂はこの多様さに耐えられず、たとえば、一つのしるしでもごく漠然としか区別できないから、これを手掛りにして、次に再びそれを認知することは困難となるのである。聴覚は中間に位置している。聴覚は、触覚の場合の入り混った曖昧なしるしは、すべて無視する。視覚の場合のあまりにも細細としたしるしもまた、すべて無視してしまうのである。

しかし、それでは、触れられ眺められた対象から音が発せられるとしたらどうであろうか。この音にあの二つの感覚のしるしが集まる。するとこの音がしるし語となるのである。従って、聴覚は両方に手を伸ばし、曖昧にすぎるものを明晰にし、あまりにも明るすぎるものはもっと快いものにし、触覚の曖昧な多様性には統一を与え、視覚のあまりにも明るい多様性にも統一を与えるのである。この多様なものの認知は、一つのものによって、すなわち、しるしによって言語となるのであるから、聴覚が言語の器官なのである。

三、聴覚は鮮明さという点でも中間に位置する感覚であり、従って言語のための感覚である。触覚はあまりにも冷淡で無関心である。触覚はあまりにもわれわれの内部に深く入りこむので、言語になることができず、視覚はいつまでもあまりに静的で、われわれの外部にとどまっている。聴覚のとらえる音は、それがしるしとならざるをえないほど深く、われわれの魂のなかへ入りこむが、しかし、それでもはっきりとしたしるしになることができなくなるほど魂を麻痺させるものではない。従って、聴覚は言語のための感覚である。

聴覚より粗雑な感覚に言語があるとしたら、どの感覚のものであれ、その言語はわれわれには全く不十分で困難な耐えがたいものであろう。また、あのあまりにも細密にすぎる視覚に言語があるならば、それはわれわれにとって、あまりにも戸惑いをひき起すような、訳がわからなくなるようなものであろう。ポープ(70)がいったように、年がら年じゅう味覚・触覚・嗅覚を酷使して、それでいてやがて感覚が麻痺してしまうということがないような人が存在するであろうか。また、いわば色彩を奏でるピアノ(71)に始終見とれていて、それでいてやがて盲目にならないというような人がいったい存在するであろうか。

これに対して、聴き、いわば聴きながら同時に言葉を考えることは、かなり、いや殆ど無限に可能である。すなわち、聴覚の魂に対する関係は、中間の色である緑の視覚に対するようなものである。人間は言語動物につくられているのである。

四、聴覚は、それが働く時間の長さの点からみても中間の感覚であり、従って、言語のための感覚である。触覚は一切を一時にわれわれのなかに投げこむ。触覚はわれわれの琴線を強く、しかし短く弾くようにかき鳴らすのである。視覚はわれわれに一切を一時に提示し、こうして途方もない一切合財の混沌を押しつけて初心者を縮み上らせる。聴覚によればそれはどうであろうか。われわれになんといたわって言語を教えてくれることであろう。この自然という先生は、一つまた一つと音を分けてわれわれの魂に与え、けっして倦むことがなく、与えてもいつもさらに与えるものをもっているのである。つまり、この先生は教育方法の限りをつくし、段階的に教えてくれるのである。このような聴覚によって言語を表出できない者がいるであろうか。言語を創造できない者がいるであろうか。

五、聴覚は、表現したいという欲求という点からみても中間の感覚である。触覚は言葉に言いあらわしがたく、曖昧に作用し、しかし、それだけに言葉では殆ど言いあらわされる必要はない。つまり、触覚はそれほどにもわれわれ自身に関係しているのである。それほどにも利己的であり、自分の殻に閉じこもっているのである。視覚は、言語を創造しようとする人間には言いあらわすことがむずかしい。しかし、直ちに言葉にされる必要があるであろうか。対象はそのままそこにある。それは一手で指し示すことができるのである。これに対して、聴覚の対象は運動と結びついている。それは一瞬かすめ過ぎていくのであり、しかしまた、まさにそのためにこの対象は音となって聞こえるのである。この対象は、音として表出されるよりほかはないから表出されうるものとなるのであり、発音されるよりほかはないから、つまり、運動に結びついているから音として表出されうるようになるのである。聴覚はなんとすばらしい言語創造の能力をもっていることであろうか。

六、聴覚は発生的にみても、中間に位置する感覚である。従って、言語のための感覚である。触覚は人類の発生の初めから存在する。この世に生を受けた最初の瞬間に触れて感じるのは、胎児も新生児も同様である。

触覚は人間の天性の幹にあたるもので、そこから感覚の微妙な枝も生えでてくるのであり、一切の精妙な魂の能力が発展していく源となる錯綜した糸の玉も、この幹から生えでてくるのである。これら精妙な魂の力はどのようにして成長発展していくのであろうか。すでにみたように、聴覚によってである。なぜなら、生まれつき魂は、物心つくと音によってはじめてものをはっきりと感じるようにさせられるのであり、従って、いわば、触覚の朦朧たる眠りから目ざめて一段と精妙な感覚へと成熟させられるからである。たとえば、視覚が聴覚よりも前にすでに発達していたとするならば、あるいは、視覚が聴覚という中間的な感官によらず、ほかの仕方で触覚から目ざめさせられることが可能であるとしたら、それは、賢明ではあってもなんと貧しく、透視力はあってもなんと愚かしいことであろう。このような生物、全身これ目といった生物が、それでも人間であるというようなことがあったとしたら、彼が見たものに名前を与えることは、つまり、冷たい視覚を人間の本性の幹である暖い触覚に結びつけることは、この生物にとってどんなに困難なことであろう。もっとも、このような要請そのものは自己矛盾に陥る。人間の天性の発展の道程はもっとよく、それ以外にありえないからである。すべての感官は関連して作用するから、われわれは聴覚によって、いわば常に自然という学校で学んでいるのであり、抽象することと同時に話すことを学ぶのである。

視覚が発達すれば、理性もともに精妙化していく。つまり、理性とものを名づける能力が精妙なものになっていくのである。かくして人間が視覚的現象の特徴を、きわめて細部にわたって描写する段階に達したときには、なんと多くの言語や言語に類するものがすでに出来上ってそこに貯えられていることであろう。人間が触覚から精妙な空想の感覚へ至るには、言語のための感官、すなわち聴覚を媒介とするほかはないのである。このようにして、見たものも感じたものも音で表出することを学んだのである。

さて、ここで全体を総括して、人間の本性という組織を一言でわかりやすくいうとすれば、それは、全く言語のための組織にほかならない。すでに見たように、言語を発明するためにこそ、人間の積極的な思考力に活動の場所が与えられていたのであり、このために、この思考力に素材と材料が選ばれていたのであり、このために思考力に形が与えられていたのである。そして最後に、このためにこそ、諸感官が組織され配列されたのである。こうした一切のことは、ほかならぬ言語を生みだすためにであった。だから人間は、これ以上冴えて鋭く考えることもなければ、これ以上曖昧に考えることもない。これ以上明確に見たり感じたりすることもなければ、これ以上ゆっくり、またあざやかに見、感じることもないのである。従って人間はそのためにこれらの諸感官をもっているのであって、これ以上の感官も、この他の感官ももたないのである。すべての感覚は互いに釣合い、それぞれの役を果たし、互いに補いあっている。計画的に設計され、分担しあっているのである。統一と連関、釣合いと秩序、全体としてのまとまり、一つの組織、意識性と言語をもった生物、意識作用と言語創造行為をもつ生物、これが人間なのである。

このように観察したあとでもなお、人間が言語動物であるという規定を否定しようとする人があれば、その人は自然の観察者から、まず自然の破壊者とならざるをえないし、一切のしかるべき調和音を引き裂いて不協和音にしてしまい、人間という壮麗な建物をバラバラに打ち壊して、人間の感覚を荒廃させ、自然の創造した傑作のかわりに、欠陥だらけの、弱点だらけで全身麻痺に陥った生物を感ずるほかはないであろう。

さて、ところが一方、事実、言語というものが、いま先に述べた言語動物としての人間の全体と、魂の働きの主要方向に従って生じざるをえなかったのだとしたら、それはどうなるであろうか。

私はこの問題を証明することにしよう。聴覚によってつくられる言語は、ほかの感官によってつくられる言語に比してわれわれにどのような長所と魅力をもっているかを、ズルツァーの「楽しみの理論」(72)の法則に従って考えるというたいへん楽しい思考の散策がここにまだ残されているのではあるが、しかし、この散策はあまりに遠出になってしまうであろうし、大通りを確保し整理することがまだ当面のこととして残っているので、断念しなくてはならない。

そこでまず第一に

I 「言語が古く、原初的であればあるほど、このような意味の類似による命名法が言語の根幹においてそれだけ著しくなる。」

われわれの後世の言語では、「怒り」は視覚の現象として、あるいは抽象概念として言語の根幹においてとらえられている。たとえば、目から発する火花や頬の灼熱などによってとらえられる。従ってわれわれは怒りを単に見、または考えるだけにすぎないが、近東人はそれを聞くのである。怒りが鼻を鳴らして荒い息づかいをするのを聞く。炎の煙をもえたたせ、逆まく火花を飛び散らすのを聞く。それが怒りという語の幹となった。すなわち、鼻が怒りの住みかである。一連の怒りに関する語彙、および怒りに関する比喩のすべての根源は、鼻で鳴らす音のなかにある。

われわれにとっては、「生命」は言語においても、脈搏とか血のたぎりや微妙な徴候を通して現われてくるが、近東人にとっては、それは呼吸の音として現われたのである。人間は息をしているときは生きている。そして息を吐き終えたとき死んだ。この「生命」という言葉の根幹には、ちょうどあの最初の生命を与えられたアダムのように、呼吸しているのが聞こえるのである。

「出産」をわれわれは、われわれなりにとらえている。近東人はその名称のなかにも母親の不安の叫びを聞き、また、動物が出産する場合には、胎膜が振い落される音を聞く。すなわち、このような中間イメージに「出産」という言葉のもろもろのイメージが絡みあっているのである。

われわれの耳は「曙光」という言葉のなかに、たとえば、美しさ・輝き・さわやかさなどをぼんやりと聴きとるが、近東諸国の曙光を待ちうける旅人は、この言葉の根幹に、おそらくわれわれ西洋人がけっして見たことのない、少なくともけっして肌で感じたことのないような、朝一番のすばやい喜ばしい光線をも感じるのである。太古の未開民族の言語がいかに深く、また強く聴覚と触覚の印象を刻みつけているかを示す例は、数えたてればきりがない。そしてそのようなイメージの基本となっている感覚をいろいろな民族にあたって正確に調べるような研究があれば、それは私の主張、および人間が言語を発明したという説の完全な論証となるであろう。

Ⅱ 「言語が古く、原初的であればあるほど、それだけいろいろな感覚が言葉の根幹のなかで混りあう。」

どれでもよい手近にある近東語の辞書を開いてみると、そこには自己の心中を表現したいという衝動がみられるであろう。言語の発明者は、一つの感覚から、イメージを切り取り、別の感覚に貸している。しかも、最も重く冷たく明瞭な感覚から最も多く借りてきたのである。あらゆるものは、表出されるためには感覚と音にならなければならなかったのである。だからこそ、言葉の根幹に最もたくましく大胆な比喩があり、だからこそ、感覚から感覚への移行が生じ、その結果、ある中心になる語の、さらにはそこから派生した語のいろいろな意味は、相互に対立させられて多彩な絵画になるのである。このような言語発生の原因は、人間の魂がまだ貧弱であること、未開人のもつさまざまな感覚が入り混っていることにある。そこには自己の心中を表現したいという彼らの欲求が非常にはっきりと読みとられる。そして物を感じる際、イメージが肌の感触と音から遠ざかれば遠ざかるほど、言語の起源が人間にあることをもはや疑えないことが、ますますはっきりと認められる。なぜなら、言語の起源について別の説を主張する者は、言葉の根幹にみられるイメージの入り混りをどのように説明するのであろうか。神はそんなにも混乱した言葉の使用に訴えねばならないほど、イメージに乏しく、言葉に乏しかったのであろうか。それとも、神は自分の言語の最も奥深い根にまで誇張や不合理な比喩を刻みこむことを愛していたのであろうか。

いわゆる「神の言語」(73)という意味のヘブライ語には、このような思い切った比喩法がはっきりあらわれている。そのため、近東人はその大胆な比喩法に自らの名前を冠する栄誉をもっているのであるが、しかしこの比喩を好む精神を「近東的」と呼ばない方がよいであろう。(74)そうすれば、まるでほかのどの地にもそういう精神が見られないかのように思われるからである。それは、すべての未開の言語のなかに生きているものだからである。ただし、そうはいってももちろん、各言語において、その民族の発達段階や思考法の特性に応じてそれぞれ異なっている。感覚をいちいちはっきりと区別しない民族や、心情を吐露し、力強く表現しつくすに十分な魂をもたない民族ならば、感覚の微細な違いにそれほど当惑しないであろうし、あるいはどっちつかずの表現でお茶を濁すであろう。熱情的な民族は、近東に住んでいようが北米に住んでいようが、自分の気持を上述のような大胆な比喩を使って表現する。しかし、その最も深い基盤においてそのような比喩法の例の最も多く見られる民族の言語は、何よりもまず、最も貧しく古く、最も原初的な言語であった。そしてそれは、明らかに近東にあったのである。

そのような言語において真の語源辞典をつくることがいかに困難かは、理解できるであろう。一つの語根に関して多くの異なった意味があり、それらは一つの言語系図として派生し、またその根幹に還元されるはずのものなのであるが、ただ魂の奥底からのぼってきて、規則では殆どとらえることのできない曖昧な感覚や、一瞬脳裏をかすめるような副次的イメージ・随伴的感覚などを通じてようやく、それらの意味の間に関連のあることがわかるのである。それらの関連しあっている意味は、さらにきわめて各民族に特有で、その言語の発明者である民族のもつ独特の思考法・ものの見方・土地柄・時代・状況に規定されているので、西洋人によってぴったりと表現されることはとてもむずかしく、結局、書きかえられて長ったらしい味も素気もないものとならざるをえないのである。そのうえ、これらの意味は、必要に迫られ、また興奮や感情の赴くままに、的確な表現に困って発明されたものなので、同じ種類の感情でありながら、的確に表現されることはめったにないのである。そして最後に、こういう種類の辞書では、一つの言葉について実にさまざまの時代・機会・思考法に由来する語彙や意味が集められねばならず、従ってこのような瞬間的に発明された定義は、数限りないものとなるから、こうした辞書の編集の際の苦労は、実に幾倍にも増大するのである。そのようなさまざまの状況や要求を理解するには、鋭い洞察力が要求されるし、そのなかのさまざまな時代を解釈するに当って行きすぎにならないよう大いに抑制しなければならない。そして最後に、このような全く荒っぽい機智、大胆な空想、このわれわれと縁もゆかりもない時代、民族感情を理解し、それをわれわれの国民感情にあわせて現代風にするには、膨大な知識と魂の非常な柔軟さが必要となるのである。しかしまさしくそれによって、その国の歴史や思考法や文学のなかに光があてられるだけではない。人間の魂の薄暗い領域、すなわち、諸概念が交錯し絡みあっているその領域に光があてられるであろう。そしてそこでは、全く違ったさまざまな感覚が別の感覚を生みだし、一つの切迫した事件に際して、魂はすべての力を振い起こし、なしうるすべての発明術を示すのである。

このような研究においては、一歩一歩が発見であり、それぞれの新しい見解は、言語の起源が人間にあることとの完璧な証明となるであろう。

スフュルテンス(75)は、いくつかのヘブライ語のそのような起源をたどることによって名声を博した。どのような説明であれ、それは私の原則を証明するものである。しかし私は多くの理由から、最初の人間の言語の起源は、たとえそれがヘブライ語であっても、将来いつか完全に解明されることができるとは信じない。

私はもう一つのあまりにも普遍的で重要な、無視しえない見解を述べておこう。すなわち、大胆な言葉の比喩がおこなわれた動機は、言葉が最初に発明されたときにあったのであるが、しかしそれはどういう状態であったのであろうか。それからずっと後、すべてのそういう必要がなくなったとき、単なる模倣癖や懐古趣味からその種の言語や具体像が残ったのであろうか。また、残されただけでなく、さらに拡大され高められたのであろうか。もしそうであるとしたら、その時には、もともと最初はそうでなかったものがあの高尚な冗談、内容のない言葉の遊びとなるのではないであろうか。最初はおそらく、いかに戯れているように見えても、けっして戯れているつもりなどのない大胆な男らしい機智であった。それは、ある感情をそれにふさわしいような言葉で表出する自然のままの高尚な空想であった。しかし今やそれは当時の感情も状況もないまま、気の抜けた模倣者に使用されているのである。なんという精神なき言葉のから壺であろうか。そしてこれこそ、その最初の形式がそれほどにも大胆であった言語の殆どすべてが、後世においてたどる運命なのである。

後世のフランスの詩人たちは極端に走ることはできない。なぜなら、彼らの言語の最初の発明者が極端に走らなかったからである。彼らの言語は、すべて健全な理性の書いた散文であり、もともと詩人に特有な詩のための言葉などは殆どなかったのである。しかし近東人はどうであろう。あるいは、ギリシア人、イギリス人、そしてわれわれドイツ人はどうであろうか。

以上のことから、言語の歴史が古ければ古いほど、またそのような大胆な比喩法が言語の根幹に多くあればあるほど、言語の歴史は長く、その形成発展も長期にわたってきたことになるのであるが、それだけに、後の時代にその言葉が用いられる際、このような交錯した概念のすべてがあたかもいつでも意識されていたかのように、常に原初の大胆さを問題にする必要はない。最初のあの比喩は語ろうとする衝動であった。後にその言葉がすでに一般的になり、その鋭さの角がとれた場合でも、その語ろうとする衝動がそのような比喩の突飛さを包みかくすのに有効な力であったと見るならば、あの近東系のすべての言語にはまことに哀れな例がおびただしく見られるのである。

　さらに付言すれば、そもそもこのように大胆に言葉をつくりだしたり、さまざまな感情を一つの表現に移し入れたり、規則や原則もないままにさまざまなイメージを絡みあわせたりすることに、理論や体系という一定の洗練された概念が伴っているならば、あるいはそういう概念が結びつけられ、あるいは引きだされるべきだとしたら、それはとんでもないことである。現在形成途上の言語であれ、すでに形成された言語であれ、これらの言語を発明する試みは、けっしてある体系に基づいて規定されることはなかったし、そうすれば結局は、そのような言葉の発明者も、後にそれを使用する者も考えすらしなかったような「まぼろしのことば」をでっち上げざるをえないはめに陥ることが実にしばしばあるのである。しかしこのように述べていてもきりがないから、もう一つの新しい法則に移ることにしよう。

Ⅲ　「言語が原初的であればあるほど、また、そのような感情がその言語のなかで幾重にも交錯していればいるほど、この感情は正確に論理的に関連づけることができなくなる。言語というものは同意語を多くもつ。語彙が全体としてどんなに乏しくとも、言語は非常に多くの無駄な表現をもっている。」

言語神授説を弁護するものは、あらゆるもののなかに神の秩序をみつけることができるが、この場合にはそのような起源をみつけることは困難であり、同意語というものを否定している。* しかし否定などできるであろうか。それでは、アラビア人がライオンをあらわすのにもっている五十語、ヘビをあらわすのにもっている二百語、蜂蜜をあらわすのにもっている八十語、剣をあらわすのにもっている一千語以上ものことばの間には、微妙な相違があるか、あるいは、かつてはあったが今ではそれが消えてしまったのだとしよう。だがいったい消えてしまわざるをえないのなら、どうしてそのようなものが存在したのであろうか。アラビア人の言うように、神の予言者だけしかはっきりと捉えることができなかったような無駄な語彙を、どうして神は創造されたのであろうか。むなしく忘れさられるために創造されたのであろうか。ほかの多くのイメージには表現することばが全くないということを考慮に入れて比較してみれば、これらのことばは、なんといってもやはり同意語にはかわりないのである。それでも、言語の全体像を見わたす神が、石をあらわすのに七十もの単語をつくって、すべてのきわめて重要な観念や魂のなかの感情や抽象概念には一語も創造されなかったという点にも、また石の場合には、無駄なほどの余計な言葉を与え、後者の場合には、極端なほどに乏しいままにしておいて、結局、比喩を無理にもってきたり、無意味といってもいいようなことを語ったりせざるを得なくさせたという点にも、神の秩序が説明できるというのであろうか。

＊ ジュースミルヒ 第九章

この問題は、言語の起源を人間に求めればおのずから説明されるのである。めったに現われない難解なイメージは、きわめて比喩的に表出されねばならなかったが、眼前にあるやさしいイメージは、さまざまに表出することができた。自然を知らなければ知らないほど、経験がないために、殆どもう元の姿がわからなくなるほどに自然をさまざまな面から見れば見るほど、そしてまた、先験的には言語を創造することはできず、具体的な状況に接してはじめて発明するようになればなるほど、それだけ同意語は多くなった。

言語を発明する人が多ければ多いほど、そしてその人たちがあちらこちらに放浪し、お互いに関連がなくなればなくなるほど、ところがたいていは同じ一つの地域で同じ事柄について知るのであるが、彼らが後に集まって、彼らの言語が一つに合流しておびただしい語彙になったとき、ますます同意語は多くなったのである。それらすべての同意語は捨てられることはできなかった。なぜなら、いったいどの同意語が捨てられてよいであろうか。それらは、この民族、この一家、この詩人においてそれぞれ役に立つものであった。従ってかのアラビアの辞書編纂者が言うように、四百個目の「不幸」という単語を数えあげたとき、この「不幸」という単語を数えあげねばならないということが四百一番目の不幸となったわけである。そのような言語は、内容が貧弱で、この言語の発明者がことばの数を少なくする計画を十分に立てていなかったので、数だけは膨大になったのである。そして、このようにひどく不完全な言語を暇にまかせて創造されたのが神であるというのであろうか。

すべての未発達な言語から類推すれば、私の次の命題は明らかである。すなわち、どの言語もすべて、それぞれ固有の方法においてではあるが、それぞれ独自に無駄なことばをもち、内容は貧しいという命題である。

アラビア人は石やラクダや剣やヘビ（それらは彼の生活のまわりにあるものだが）をあらわすのに、非常に多くの単語をもっているが、セイロン語にはその民族の性質にふさわしく、お世辞や肩書や美辞麗句が多い。「ご婦人」ということばをあらわすのに、セイロン語には身分や地位に従って十二種類の名前がある。一方、われわれドイツ人は、不躾な民族ときているから、たとえばこの点では、隣国からことばを借りてこなければならない有様である。セイロン語では、身分や地位に従って、相手に対する呼び方は八種類もあり、しかもそれぞれ日雇い人の呼び方があり、廷臣の呼び方があるという具合である。すなわち、無秩序が言語の本来の形なのだ。タイでは一人称を言うのに、主人が下僕と語る場合、あるいは下僕が主人と語る場合に応じて、八種類の方法がある。未発達なカリブ人[76]の言語は、女ことばと男ことばのほぼ二つの言葉に分けられ、寝台・月・太陽・弓などごく日常の事柄でも、男と女では違ったふうに呼ぶのである。まことにおびただしい同義語があるのである。しかも同じこのカリブ人は、色彩をあらわすのにわずか四つの言葉しかもっておらず、ほかのすべての色をあらわす場合にもそれらを用いなければならないのである。貧しいものではないか。

ヒューロン人は生物と無生物をあらわすのに、常に二種類の動詞を用い、その結果、「石を見る」場合の見ると「ヒトを見る」場合の見るとでは、いつも二つの違った表現なのである。それを自然界全体にわたってたどってみるとどうであろうか。その数の多さは大変なものである。

「自分の所有物を使う」というのと「いま話をしている相手の所有物を使う」とでは、いつも違った言葉である。大変な豊富さである。ペルーの標準語では、異性同士は互いに奇妙なほど区別して呼ぶため、男兄弟にとっての姉妹と女兄弟にとっての姉妹、男親にとっての子供と女親にとっての子供とでは、全く別の名称をもっているのである。しかも、この言語には真の複数形はない。これらの同義語は、いずれも民族の風俗習慣・性格・起源と密接な関係がある。しかし、どの場合でも、言葉を創造する人間の精神の特徴が現われているのである。

次に新しい法則に話を移すことにしよう。

Ⅳ　「人間の魂は、感官の働き、また感官の目覚めによらないで到達した精神世界の抽象概念を思い出すことができないように、いかなる言語も、音や感覚の媒介なしに至ることのできた抽象概念はもっていない。そして言語が原初的であればあるほど、抽象概念はそれだけ一層少なく、感情語が多くなる。」

私は、今度もこの無限の問題を含む沃野から、ごくいくつかの精華しかつみとることができない。近東の諸言語の全体を見れば、それらの抽象概念はみな、最初は感覚的なものであったことが証明される。「精神」は「風」であり「息吹き」であり「夜の嵐」であったし、「神聖」というのは「孤立した」「一人ぼっちの」ということであり、「魂」とは「呼気」であり、「怒り」は「鼻息」のことなどであった。従ってもっと一般的な概念が言語にとり入れられたのは、やっと後になって、抽象化や機智や想像力・比喩・類推などによってであった。言語の最も奥底にはけっして唯一の抽象概念も存在しないのである。

すべての未発達な民族の場合でも、その文化の程度に応じて同じことが見られる。バラントーラ(77)の言語では、「神聖な」ということは知られておらず、ホッテントットでは、「精神」という言葉は見られなかった。世界各地に派遣された宣教師たちは、キリスト教の概念を彼らの言葉で未開人に伝達することの困難さを嘆いている。しかも、この伝達はけっして哲学的な教義であってはならず、ごく普通の人の考える普通の概念でなければならなかった。未開人たちに対する宣教師たちの説教の実際を、それもヨーロッパの洗練されていない言語、たとえばラップランド語・フィンランド語・エストニア語などでの説教を、いろいろと翻訳で読み、これらの民族の文法や語彙を見れば、その困難さははっきりしてくるのである。

宣教師たちの言を信じようとしないならば、たとえばペルーやアマゾン川沿岸に行ったド・ラ・コンダミーヌ、ラップランドに行ったモーペルテュイなどの学者たちの文を読んでもらいたい。時間・永続・空間・存在・素材・物体・美徳・正義・自由・認識性などという言葉は、たとえペルー人たちがこれらの概念を判断の基準にしているということが、しばしば彼らの理性によって示され、また、彼らがそうした美徳をもっていることが彼らの行為によって示されるとしても、彼らの口で語られることはない。ペルー人たちは、その概念を「しるし」としてとらえない限り、それを表現する言葉をもたないのである。

従ってそのような言葉が言語のなかに入っているところでは、それらの言葉から、当然その言語の根源を読みとることができる。ロシア民族の教会用語は、たいていギリシア語である。(78) レット人のキリスト教概念は、ドイツ語の言葉またはレット語化されたドイツの概念である。メキシコ人が罪人を表現しようとするとき、ひざまずいて懺悔する人として描き、三位一体は光背を帯びた三つの顔として描かれる。たいていの抽象語がどのような道程をたどってわれわれの学術語、すなわち、神学・法学・哲学などに入ってきたかは、周知のところである。同じく周知のように、スコラ哲学者や論争家は、しばしば自国語では全く論争できず、そのため、抽象概念をもち、研ぎすまされた論争のための言語手段をもつ他国語から論争手段（たとえば本質と実体、同一性と同質性という語）[79]を借用しなければならなかった。ドイツにおける、精神を対象とする学問全体は、たとえ高度に確立されているとしても、その固有の言葉は殆ど何一つもちあわせていないのである。

このことは疑いえない事実であるので、どんな夢想家も熱狂家も、自然界や天国・地獄のことを新たに秘密めかして述べるとき、具体的な形象や感覚的イメージを用いてあらわすほかはないのである。スウェーデンボルク[80]は、天使や精霊をすべての感覚を駆使して表現しなければならなかったし、スウェーデンボルクとは正反対の存在である崇高なクロップシュトック[81]も、天国・地獄をほかならぬ感覚的素材で構成しなければならなかったのである。

アフリカ人は彼らの神神を樹木の梢から嗅ぎだし、中国興安嶺地方の住民は悪魔を森のざわめきから聴きとる。私は、さまざまな民族のそれぞれ違った言語にみられるこうした抽象化の例をいくつかたどってみて、人間の精神のこのうえなく不可思議な発明技術を認めたのである。研究対象はあまりにも広すぎてすべてを究めがたいが、抽象化の根底は常に同じである。

もし未開人がある事物に霊が宿っていると考えるならば、その霊を抽象する手掛りになる何か感覚的にとらえうるものがなければならない。ただ、抽象化にはきわめて多くの種類・段階・方法がある。どの民族の言語にも、彼らが抽象するすべを知っていた数だけしか抽象語はないという事実の最もわかりやすい具体例は、疑いもなくきわめてわかりやすい抽象語の「数詞」である。たいていの未開人は、その言語がどんなに豊富な語彙をもち、すぐれていて完成されていようとも、その数詞の数たるや、まことに微微たるものである。実際に必要とする以上にはけっして数詞をもたないのである。貿易に従事していたフェニキア人は計算術を発明した最初の人間であった。家畜を数える牧人も数えることを学ぶ。職業の数が少ない狩猟民族は、軍団の兵員数を数えるのに、「髪の毛のように多い」としか形容できない。いちいち兵員の数を数えてみることを望むものなどいないのである。それほど多くの数まで数えることをしなかったものは、そのための言葉をもつはずがない。

変遷し言語を創造していく人間精神のこうした足跡のすべてを無視し、天上に言語の起源を求めることなど可能であろうか。神だけしか発明できなかった言葉がただの一つでもあるというのなら、それを証明するどのような証拠があるというのであろうか。どこかの言語に、神から人間に授けられた純粋に普遍的な概念がただの一つでも存在しているのであろうか。そのような概念がいったいどこにあるというのであろうか。*

* 私がこの資料に関して知っている限りで最もすぐれた論文は、『人間の理解力の手続・範囲・限界』の著者でもある、或るイギリス人(82)の書いたもので、『自然的人間的事象との類推によって認められる神的超自然的事象』(ロンドン 一七三三年)である。

他方、人間の魂のなかで人間の感覚と見方に基づいて言語が発生したという事実については、何万という根拠・類推・証明があるのである。いかなる民族・地域・環境においても、言語が理性とともに変遷し、理性から発展してきたということに関しては、実に多くの証拠があるのである。すべての民族に普遍的に存在する事実に耳をかそうとしないものとは、いったいどのような人なのであろうか。

しかも、ジュースミルヒ氏がまたもや私と方向を同じくしながら、私が最も人間的な秩序を見出すその道程に、神的秩序を見出していることを知って私は啞然とするのである。*

＊　ジュースミルヒ　第十一章

「全体として技術や学問に役立たないような言語は、まだこれまでに発見されていない」ということは、そもそもいかなる言語も動物的ではなく、言語はすべて、人間の手によって創造されたものであることを証明しているのではなかろうか。「全体として技術や学問に役立たない」ような人間がどこで発見されたというのであろう。発見されていないということが不思議だとでも言うのであろうか。人間が人間である以上、ごく当然のことではあるまいか。

「すべての宣教師たちはどんな未開人とも語り、彼らを説得することができた。それは論理の筋道なくしては起こりえないことであった。従って彼ら未開人の言語も当然、抽象語をもっていなければならなかった云々」

もしこの通りであるとすれば、それは神の御意志であったというのであろうか。むしろ、言葉を必要とする場合に言葉を抽出することは、まさしく最も人間にふさわしいことではなかったろうか。どの民族も、その言語のなかにもっている抽象語をすべて自己の手でわがものとしたのではなかったであろうか。抽象語はどの民族の場合も同数であろうか。宣教師たちは、どこにおいても同じように容易に彼らの意志を表現することができたであろうか。どの大陸の未開人の場合にもそうではなかったと書物にかかれているのではないであろうか。宣教師たちは、彼らのもたらした新知識を未開地の言語から類推した結果に基づいて、その他の言語にふさわしいように言いかえて自らの意志を伝えたのではなかったであろうか。そうした方法がどこにおいても同じように可能であったであろうか。これらは、なんと理屈づけようと答えは否定でしかない。

人間の理性は抽象なしには存在せず、いかなる抽象も言語なしには抽象しえないのであるから、言語はいかなる民族の場合にも抽象語を含んでいなければならず、言語は理性の道具として、理性の具体化でなければならないことは事実である。しかし、いかなる民族の言語もその民族がつくりえた数だけしか抽象語を含まず、また、その起源において感覚的な表現であったことからわかる通り、感覚を伴わずにつくられた抽象語はただの一つも含んでいないように、言語というものが全く人間のものであるということのほかは、どこにも神の御意志などは見られないのである。

V　最後に、「あらゆる文法は言語と言語の使用の方法についての学問にほかならないのであるから、言語が原初的であればあるほど、それだけ文法は少ないはずである。そして最も古い言語とは、先に述べた自然の語彙のみである。」

ここで私は、さらに二、三の点をもう少し詳しく考察してみようと思う。

一、格変化と活用は、数・時称・態・人称に応じて、名詞と動詞の使用を簡略にし規定するものにほかならない。従ってある言語が未熟であればあるほど、その規定は不規則であり、その発達段階は人間理性の進歩を示すものとなる。背後に文法が存在しなければ、言語は単なる語彙の集まりにすぎない。

二、ある言語の動詞は、動詞から完全に抽象化された名詞よりも古いのであるから、実際また、当初は概念を互いに秩序づけることができなければできないほど、それだけ動詞の活用は多くなる。

近東人の言語には概念が非常に多いが、それらは本当は概念とは言えない。なぜなら、現在でも動詞の活用が別の活用へと移転したり転位したりしている例が著しいからである。このことは全く当然のことである。人間にかかわりがあり、少なくとも言語的表現のうえで切実なことは、彼がどうしても物語らねばならないもの、すなわち、行為・動作・出来事など以外にはないのであるから、原初においては無数の行為と出来事が集積して、その結果、殆どあらゆる状況に対してそれぞれ新しい動詞が生まれるのである。

「ヒューロン族の言語においてはすべての語が活用する。そこでは、われわれには説明のつかない一種の文法によって動詞と名詞・代名詞・副詞とを区別することができるのである。単純な動詞でも二重の活用をもっていて、一つは自分のため、一つは他の事物のためのものである。三人称には二つの性がある。時称に関して言えば、たとえばギリシア語において認められる微妙な区別がここにも見出される。旅の物語をしようと思うとき、陸の旅と海の旅とでは別の表現がなされる。つまり、行為の及ぶ対象の数だけ動詞は増えるのである。〝喰べる〟という語は、すべての喰べられるものに応じてそれぞれ違っているし、生物の行為は無生物の行為とは違った仕方で表現される。自分の所有物を使うことと、話相手のそれを使うこととでは二通りの表現がある云々」

動詞・話法・時称・人称・状況・性などのこの実に多様なものを考えてみれば、これらのものをいくらかでも相互に関連づけ、語の集まりにほかならないものをいくらかでも文法にするには、実に多くの労苦と技術が必要だったのである。レリー師によるブラジルのトピナムブ族[83]の言語の文法は、まさに、この事実を示している。なぜなら、人間の魂のなかの最初の語彙が、音を発し行為する自然の生き生きとした叙事詩であったように、最初の文法とは、この叙事詩をさらに規則的な歴史にしようとする一つの学問的な試みにほかならなかったからである。従って最初の文法の対象は動詞ばかりで、結局は混沌に陥って収拾がつかなくなる。この混沌は、詩芸術にとっては実に無限の有効性をもっており、さらに秩序づけられると、歴史を規定するのにきわめて有効であるが、しかし公理や論証のために役立つようになるのは最後の段階に至ってからである。

三、自然の響きをそのまま模倣した言葉は、過去の事象に倣って生じた。従って、過去形が動詞の根幹である。しかしその過去形も殆ど現在形であると考えられるような過去形である。先験的にはこの事実は奇妙で説明がつかない。というのは、もっと後に形成されたどの言語においても実際そうなったように、現在時称こそまず第一の時称でなければならないであろうからである。しかし、言語発明の歴史に従えばそれ以外ではありえなかった。現在はそれと示しさえすればよいが、過去のことは物語らねばならない。そして過去のものはきわめて多くの方法で物語ることが可能であり、当初は言葉を見つけようとする欲求からさまざまに物語ることをしなければならなかったので、すべての古い言語においては、多くの過去形が生じたが、現在形はせいぜい一つか、あるいは全然生じなかったのである。ところで、時代がさらに進んでくると、詩芸術と歴史は現在形を非常に愛用したが、しかし学問はこのような混乱をもたらすものは好まないから、殆どこれを愛用しなかった。この点でまたも、ヒューロン人・ブラジル人・近東人・ギリシア人たちは同じである。至る所に人間精神の発展の痕跡が認められるのである。

四、すべての近代の学術的な言語では、名詞は一層洗練されたものになり、動詞は数少なくなったが、規則化されている。というのは、言語は現在と過去を冷静に観察するようになっていったのであって、いつまでも過去についてのまだ不規則的にぎこちなく話される混ぜものにとどまることはなかったからである。近代人はそのような現在と過去を時間の順序に従って表現すること、そしてこのようにして数と冠詞と格などによって規定することに慣れた。古代における言語の発明者たちは、何がなされたかだけではなく、誰が、そしていつ・どうして・どこで起こったかをすべて一度に表現しようと欲した。* 従って彼らは名詞のなかに同時に状況をもちこみ、動詞のあらゆる人称のなかに同時に性をもちこんだのである。彼らは接頭語と接尾語、添加つづりと後つづりだけで区別をつけた。時代が下るにつれ、それだけさらに区別がつけられ、それぞれはっきりあらわされるようになった。気音は冠詞となり、発端部が人称となり、付加部が話法あるいは副詞となった。このようにして言葉の各部分が分離して独立するようになり、次第に文法が生まれてきたのである。

* ルソーはこの命題を仮説の形で述べただけであるが、私はここでそれを定義し実証する。

この語る技術、すなわち、言語についての学問は一歩一歩何世紀もの時代を経てゆっくりと形成された。そして一つの真の文法学、すなわち、この語る技術を思いついた最初の人間は、きっとまずこの語る技術の歴史を諸民族の発展段階を通じて熟考したに違いない。われわれの言語にそのような歴史があれば、それは進歩の歴史であれ逸脱の歴史であれ、言語が人間の生みだしたものということを証明するものとなることであろう。

五、しかし、どうして一つの言語が全く文法なしに成立しえたのであろうか。それは関連も規定もないまま形象と感情が単に融合しただけのものであったのだろうか。この両者の間にはすでに自然の配慮があったのである。つまり、言語が生きているのである。そのような言語においては、身ぶりが大きな和音となって拍子を生みだし、その拍子の現われる場所を生みだしたのである。そして語彙そのもののなかにあるおびただしい規定が文法の代りをなしていたのである。

メキシコ人の古い文字を見ると、彼らはただ一つ一つの形象だけを描いている。どのような形象も思いつかない場合は、彼らは棒線を引くことに同意した。それら個個の形象の脈絡は、その形象が属する世界を示すのであり、その世界から形象は解釈されるのである。この個個の記号から関係を読みとる技術を今でも駆使できるのは、もはや聾啞者のみである。そしてこの技術自体が言語に属しており、幼少期から言語として同時に習得され、世代の伝統とともにますます容易にされ完成されるのだとすれば、これはなんら理解しがたいことだとは思わない。しかし、それは容易になり完成されればされるほど一層減退する。それだけ文法になるのである。これこそ人間精神の発達にほかならない。

以上のことの証明としては、たとえばラ・ルベールのタイ語に関しての報告がある。タイ語は、今日でも特に後代の形成を通じて次第にまともな文構造がとり入れられる以前の近東諸言語の文脈に非常に類似しているのである。タイ人は「私はタイにいるならばうれしいだろうに」と言わんとして、「もし・私・在る・タイの都・私・よい・心・たいへん」と言う。タイ人は主の祈りを唱えんとするとき、「父・われわれに・在る・天。神の御名・欲する・崇める・至る所云々」といわざるを得ない。その表現は全く近東的であり原初的であることだろう。それはメキシコの象形文字または外国語を話す無学ものの片言と全く同様の並べ方である。

六、私はここで、やはりジュースミルヒ氏の「言語神授説」のなかでも曲解されているのが認められる一つの奇妙な点について説明しなければならない。「すなわち、小さな調音の差異に応じて一つの語は多様化する」ということに関してである。たとえば、ガルシラソ・ディ・ヴェーガがペルー人について、コンダミーヌがブラジル人について、ラ・ルベールがタイ人について、レスネル(84)が北米インディアンについて述べているようなこの種の技巧は、殆どすべての未開人たちにみられるのである。同様に、たとえば中国語や近東語、特にヘブライ語などの古代語にもこの技巧はみられるのであり、ヘブライ語の場合は、わずかな響き・抑揚・気息が意味全体を変えている。そして私は、この種の技巧のなかにほかならぬ非常に人間的なものを、すなわち、言語発明者たちの困窮ぶりと安直さを見出すのである。彼らがある新しい語を必要としたとする。その場合、ない知恵を絞って悠長に考案することは非常に困難なので、彼らは似た語を利用して、おそらくただその一気息だけを変えたのであった。それは経済性の法則にもかなったことでもあり、当初彼らの感情は錯綜したものであったから彼らにはごく自然なことであったし、また一つ一つの語も現在よりも強く発音していたのでかなり好都合なことでもあった。しかし幼い時からそれに耳馴れていない異邦人にとっては、響きが半ば口の中に残ったまま不活発に話されると、そうした経済性と必要な法則のために話は聞きとりにくく、またとうてい真似て発音できるものではないのである。

この種の言語を健全な文法が秩序づけてくるにつれて、次第にこうした安直さが不必要になってくる。従ってこれもまた言語神授説の徴候とは正反対のものであり、この場合、人間は何か新しい語を必要とした場合きっとどうしてよいかわからなかったであろう。

七、結局のところ、言語が理性を通して、また逆に、言語を通して理性が進歩した歩みは、言語がすでにいくらか進展し、言語のなかにすでに文芸の断片、たとえば詩が存在しているような場合、文字が発明され、書体法が次々と形成されているような場合の例に、最も明白になってくる。従って言語が進展し、新しい語が作られ、新しい見事な形式が促進される場合には、必ずそこには人間の魂の刻印がみられるのである。

言語に韻律とか最も効果的な語や色彩の選択、統一的な形象、大胆な形象が生じてきたのは、詩を通してであったし、時称の相違や表現上の正確さが生じてきたのは歴史を通してである。そして最後に、雄弁術を通して完成された総合文が言語に現われるのである。ところで言語には、そうした一切のものがつけ加えられる以前の状態では、以上のような要素が一切存在せず、すべてが人間の魂によって言語にもちこまれたし、またもちこまれることができたのであるから、こうした人間の魂の独創的な創造過程のどこかに限界をひいて、ここから人間の魂は活動し始めたがそれ以前はそうではなかったなどと、どこで言うことができるであろうか。人間の魂がこのうえなく精巧でむずかしいものでさえ創造できたのであるならば、なぜもっと容易なことが創造できなかったはずがあろうか。人間の魂が最後の完成をなしえたのであるならば、なぜ最初の試作をなし、端緒をつくることができなかったはずがあろうか。なぜなら、最初は理性のしるしとして一つの語を創造しさえすればよかったたし、人間の魂は、たとえまだ内的には盲目で啞であったとしても、それが理性をもっていたことが真である以上、言葉をどうしてもつくりださずにはおれなかったはずだからである。

人間が言語を発明する能力をそなえていることは、私が以上に述べたことによって、内的には人間の魂の面から、外的には人間の生体組織のあり方、さまざまの言語や民族からの類推の面から、あらゆる語り言葉の構成要素の上で乃至理性の発展と絡みあっての言語の歩み全体の点で十分に証拠づけられたので、人間に理性があることを否定しないもの、あるいは、それと同じことだが、理性が何であるかを知っているもの、さらにはかつて言語の諸要素を学問的に考えてみたことがあり、そのために地球上の諸言語の状態と歴史を観察者の目で考察したことのあるものは、私がこれ以上言を費やさなくとも、もはやそれをいささかも疑うことはできないであろうと私は自負している。人間の魂のなかで言語が発生したという説は、およそどんな学問的証明よりも根拠のあることであり、あらゆる時代・あらゆる言語・あらゆる民族から類推された結果であって、最も確実な歴史的事実の場合同様に蓋然性をもっているのである。しかし今後永久に一切の異議が生じないように、この命題を、いわば実証的にも、学問的真実と同じように確かなものとするために、われわれはなお一切の外的な条件や人間の天性の類推結果全体から、「人間は自己の言語を創造せざるをえなかったということ、またどのような条件のもとで人間は最も適切に言語を創造しえたか」を証明することにしよう。

第Ⅱ部

いかなる過程を経て人間は最も適切に言語を創造することができ、またせずにいられなかったか。

自然はいかなる能力もいたずらに授けることはない。従ってもし自然が人間に言語を創造する能力を授けたのみならず、この能力を人間存在の特性とし、また人間のすぐれた志向の原動力としたのであれば、この能力は、自然の手から生きたものとして授けられたのであった。それゆえ、その能力は、それが十分に発揮される領域におかれたのは当然であった。人間が独力で言語を創造するという最も基本的な素質をもってこの世に生まれてきたとき、直ちに言語創造に着手せざるをえなかった状況と必然のいくつかを、もっと詳しく考察してみることにしよう。これらの必然は数多いので、私はそれを人間の本性および種族についてのいくつかの基本法則に分類したい。

第一章

第一の自然法則

「人間は自由に考える活動的生物であり、その諸力は漸進的に作用し続ける。それゆえ、人間は言語を創造するにふさわしい存在である。」

本能をもたない丸裸の動物としてみれば、人間は万物のなかで最も哀れな存在である。人間には、生存の場・活動領域・自己保存・仕事へと自己をつなぎとめる盲目的先天的衝動というものはない。人間は、自己の飢えをしずめるように彼を草むらへと駆りたてる嗅覚をもちあわせていない。人間のために住家をつくってくれる盲目的機械的な導き手もいない。か弱く、おしひしがれ、自然の猛威、飢餓、あらゆる危険、恐しい野獣の爪先、いろいろに形を変えて襲いかかる死の脅威にさらされて、人間は孤独にひとり存在している。人間をつくった自然の直接的な教えもなく、自然の手による確かな導きもなく、従ってあらゆる点で見捨てられている――

しかしこうした姿がどんなに生き生きと描かれようとも、それは人間のありのままの姿ではない。それは人間の上っ面を一方的にあらわすにすぎず、しかも誤った照明を当てられている。もし悟性と意識性とが人間の天性であるとすれば、上に述べたような感覚上の劣性やその他もろもろのみじめな欠陥が露呈するやいなや、直ちに彼のそうした天性が発揮されたことは当然であった。このように自然の手から見放されて、動物的本能をもたない哀れな被造物である人間は、最初の瞬間から自分の力だけを頼みとしなければならず、また、まさにそうすることのできた自立的理性的被造物でもあった。動物としてみれば、短所や欠陥である一切のものが、人間としては自己の力を十分に発揮する有力なきっかけとなった。すなわち、動物の熱心な擁護者ともいうべき現代の新しい哲学[1]が主張しているのとは異なり、人間固有のこれらの力は、動物特有の完全さが人間には与えられなかったことに対する単に間に合わせの補償ではなく、比類稀なる人間の特性であった。人間としての重みの中心、彼の魂の働きの主要な方向は、蜜蜂においてはそれがすぐさま蜜を吸うことと巣をつくることに向けられていたのと同じように、ほかならぬこの悟性、人間固有の意識性に向けられていた。

ところで、「しるし語がなければ人間の悟性のいささかの働きも起こりえなかった」ということが証明されている以上、「意識作用の最初の契機も言語の内的成立のための契機であった。」

人間がこの最初の明白な意識作用をもつまでに随分と時間がかかり、ビュッフォン[2]の方法に従って(ただし、彼よりは合理的に)この生まれでた被造物の意識の集中が徐徐であると仮定しても、最初の契機からすでに動物でなくて人間が、確かにまだ意識作用をもった被造物としてではないにしても、すでに意識性をもった被造物として外界にむかって目覚めていくということを、忘れないでもらいたい。この場合、人間は、歩かねばならないのに手足が硬直して歩くことができず、見たり聞いたり味わったりしなければならないのに、眼球は乾ききり、耳は麻痺し、舌はこわばって、そういうことが何一つできない大きくて鈍重な何の役にも立たない生体組織のようなものではない。この種の疑いを抱く人々は、この人間がプラトンの洞窟、(3)すなわち、人生の最初の瞬間から長年にわたって光もなく動くこともなく、目はあいていても何も見えず、まともな手足をもちながら硬直して坐り続けていた暗闇の牢獄から出てきたのではなくて、気力の最もみずみずしい状態で、しかも最初の瞬間から発展していくという最もすぐれた最も大切な素質を与えられて生まれてきたのだということを、考慮すべきであろう。もちろん、意識の集中の初めの契機には、創造神の摂理が働いていたに違いない。しかしこれらの契機に見られる不思議さを説明することは哲学の仕事ではない。それはちょうど、哲学が人間の創造された過程を説明できないのと同じである。哲学は、独力で活動し始める人間、自己の健全な存在を完全に感じ始める人間を取りあげるのであり、従ってこれらの契機をただ人間的にのみ説明するものである。

ここで私は上述の問題を引き合いに出してもよいであろう。ここでは、感覚の形而上学的な区別が起こらず、生体組織全体が感じることによって、曖昧模糊とした感覚から意識作用へと直接高める働きをするのであり、また、こうした最初の明白なしるしを感じとることは、まさに視覚と触覚との中間の感覚である聴覚の働きであるので、言語の発生は、胎児が成熟したときの誕生への衝動と同じように、内的な衝動なのである。自然全体が人間にむかって、彼が一人前の人間になるまで、彼の力と彼の感覚を発展させるために働きかけてくる。言語はこうした状態から始まるのだとしても、人間の魂の中のいろいろな状態のつながり全体が、そのそれぞれの状態が、言語を発展形成していくという性質をもっている。自然秩序のこの偉大な法則を、私は明らかにしたいと思っている。

動物は、彼らの考えを感覚的にぼんやりと、あるいははっきりと結びつけるが、意識的に明白に結びつけることはない。生態と神経構造の点で人間に最も近い種類の動物である陸棲動物は、もちろん、すぐれた想起力・記憶力を示すことがよくあり、場合によっては、人間よりもそうした点で鋭いことがある。しかしそれは常に感覚的な記憶力にすぎず、いかなる動物といえども、種族全体のために自己の状態を改善し、経験を今後利用するために一般化するほどの記憶力があることを行動によって証明したものはこれまでなかった。もちろん、犬は自分をなぐった人の身振りを識別することができるし、狐は仕掛けられた罠を避けて通ることができる。しかし、どうすればこのなぐろうとする身振りや猟師の術策からずっといつまでも逃れることができるかという普遍的な方法を会得することは、犬と狐のいずれにもできない。従っていずれも常に個個の感覚的な出来事に縛られていたにすぎず、これらの繰返される一連の感覚的な出来事が彼らの記憶となったのであり、それらはけっして思考によって結びつけられてはいない。すなわち、それは明確な統一を欠いた雑多なもの、非常にはっきりした感覚的なイメージからなる夢のようなものであって、しかも、この夢をあざやかに覚めた意識で整理する主要法則が欠けている。

もちろん、動物の場合にも、その種族や種類の違いによって、大きな相違がある。動物たちの棲息圏が狭く、感性と衝動が強く、造形能力と生活の営みが単調であればあるほど、少なくともわれわれにとっては、彼らが経験を通じて得たごくわずかな進歩などは、それだけ一層目立たないのである。蜜蜂は子供のときにも高齢に達したときと同じように巣をつくるし、世界の終末のときにも天地創造の当初と同じように巣をつくることだろう。この種の動物は、いわば散在する点であり、神の完全性という光から発した火花であるが、しかし常に個個ばらばらに輝いている。これに反して、経験を積んだ狐は、狩猟についての経験の乏しい新米狐とは、すでに大いに違っている。前者はすでに猟師のいろいろな策略を予知し、それを避けようとする。しかし何からそれを予知するのだろうか。どのようにしてそれを避けようとするのだろうか。それは、この狐がそういったことをあらかじめ直接に経験したからであり、それらの経験から直接にこうした行動の法則が生じてくるからである。いずれにしろ、明白な省察は働いていない。なぜなら、どのように賢い狐でも今なお太古同様、罠にかけられているからである。

人間の場合、彼の観念の継起には明らかに、動物の場合とは異なった自然法則が働いている。それは意識性である。(4) 意識性は最も感覚的な状態においてさえも働いているが、ただ、そのことが目立たないだけである。人間はこの世に生まれでてきたとき、最も無知な被造物ではあるが、直ちに彼は動物には見られない仕方で自然の教え子となる。一日一日の経験が次の日に役立つばかりでなく、一日のうちの一瞬一瞬の経験がそれに続く次の瞬間に役立ち、一つ一つの考えが次の考えをひきだしていく。人間の魂にとっては、その瞬間だけのために学ぶのではなく、すべてを既知のものに付加するために学ぶか、あるいはそれに将来結びつけようと考えているものとして学ぶという技巧が、本質的である。従って人間の魂はそれが集めたか、あるいはこれから集めようと思っている蓄えを、あらかじめ考慮しておく。このようにして、魂は狂いなく集める力となる。このような連鎖は死に至るまで続く。いわば、人間は完成されることはけっしてなく、常に発展し、進歩し、完成をめざす。それぞれの働きが互いに因果関係をなして生じ、関連しつつ発展していく。人間が現に感じているのは自己の成長の過程ではなく、常にただその結果にすぎないので、われわれが単に目立った段階に従って呼びわけているにすぎない年齢・時代は、実際には無限にこまかく細分することができるであろう。われわれは何歳であろうとも、常に子供時代から成長してきているのであり、常に前進してとどまらず、飽くことを知らない。人生の本質的なものはけっして安逸ではなくて常に進歩であり、われわれは最後まで生きとおしてしまうまでは、けっして人間として生きたとは言えない。これに反して、蜜蜂は巣の最初の蜜房をつくったとき、すでに蜜蜂だったのである。

もちろん、どの時代においても完成化、すなわち、意識性に基づく進歩の法則が同程度に明白には認められないかもしれない。だがわずかしか認められないからといって、それが存在しないと言えるだろうか。夢のなかや夢想においては、人間は目覚めているときほどには整然と明確に考えない。しかしそれでもなお、人間は相変らず人間として、人間と動物との中間状態にある存在として考えているのであって、けっして完全に動物になって考えるのではない。健全な人間にあっては、夢は目覚めているときの思考と同様に結合の規則を有しているに違いない。ただ、両者は同一の規則でないか、あるいは、夢の結合の規則が目覚めているときの思考の結合の規則ほどには均一的に働くわけではないという違いはある。従って夢というこの例外さえも主要法則の妥当性を証明しており、失神・狂気などの明白な病気や不自然な状態はこのことをなお一層証明している。魂の働きのすべてが、直接に意識作用の結果であるというわけではない。しかし魂の働きはいずれも意識性の結果である。すなわち、人間が人間でなく、このような自然法則に従って考えるのでなければ、魂のいかなる働きも、現に人間にみられるような形では表出されないであろう。

ところで、人間の意識作用の萌芽が、魂のことばがあってこそはじめて現実化したのであれば、「人間における意識性のすべての状態は言語に即応したもの」となり、「人間の思考の連鎖は言葉の連鎖」ということになる。

以上述べたことによって、人間は最も曖昧な感覚の感受をもすべて言葉であらわすことができるのだとか、あるいは、その感じは言葉を用いるのでなければ感受することができないのだとか言おうとしているのではない。もしそうしたことを言うとすれば馬鹿げているであろう。なぜなら、まさにその逆のことが証明されているからである。すなわち、曖昧な感覚によってしか感受されえないものは、その感覚には明確なしるしをとらえる能力が欠けているため、われわれにとって言葉となる可能性をもたない。従ってわれわれが言語というとき、もし随意的言語を問題にするのであれば、人間の基盤は言葉で表現しえないのである。しかしながら、基盤は像全体と同じであろうか。台座が立像のすべてであろうか。いったい、人間はその本性全体からして単に無意識に感じているだけの牡蠣のような存在であろうか。一度、人間の思考の連鎖の全体を考えてみることにしよう。人間には意識性の網の目がはりめぐらされているので、全体として見れば、それ自体意識作用でもなく、もしくは意識作用によって解明されえないような状態は、人間には存在しない。人間にあっては触覚が支配的ではなく、人間の本性の中心はもっと繊細鋭敏な感官である視覚と聴覚が占めていて、これらの感官が人間に絶えず言葉の可能性を与えるので、その結果、全体として見れば、「言葉となりえないか、あるいは魂のことばによって実際に規定されていないような状態は、人間の魂には存在しない」ことになる。全然言葉なしに考えるものがあれば、朦朧とした精神状態にある狂信家か、獣か、著しく現実離れのした降神術師か、夢見る単子《モナド》(5)かであろう。大胆に聞こえるだろうが、「人間が悟性によって感受し、考えることによって話す」というのは真実である。このように人間は片時も考えることを止めず、すでに見たように、それぞれの考えを以前の考えや将来のことと秘かに比較対照するので、「このように省察を媒介として関連づけられている魂の状態が、度を重ねる毎に次第に合理的に考え、従って次第に秩序だてて話すように人間を導いていく」に違いない。人間に感官を自由に使用させてみるとしよう。感官の使用にあたっては主として視覚と聴覚が用いられ、視覚は人間にしるしを知覚させ、聴覚はしるしに音をそえるので、これらの感官の使用が容易になり高度化されるにつれて人間の言語は休みなく形成されていくのである。人間に魂の諸力を自由に使用させてみるとしよう。この諸力の使用では意識性が中心を占め、従って必ず言語を伴うので、意識性の使用が容易になり高度化するにつれて、人間の言語形成はますます進行するのである。従って「言語を絶えず形成し続けていくことは、人間の本性そのものと同様、人間にとって自然なことである。」

ところで、人間の魂の諸力が、特に困難や危険を克服するために、あらゆる努力をつくして発揮されるとき、その諸力の限界を誰が知っているだろうか。この諸力が緊密に錯綜した、きわめて多様な持続的形成によって達成しうる完成の程度を、誰が測りうるであろうか。そして、一切が言語として表現されることをめざしているので、個個の人間が言語のために集めなければならぬものは、なんと膨大であろうか。盲人や唖でも彼らの孤独な世界のなかで間に合わせの言語をつくらざるをえなかったとすれば、まともな人間、すなわち、すべての感覚が完全で全宇宙を相手とする人間が、はるかに豊かにならざるをえないことは当然であろう。人間は何を食べればよいか。養分となる草を嗅ぎわけ、害になる草を避ける嗅覚という感官を、動物たちと同じ程度には、自然は人間に与えてくれなかった。それゆえ、ちょうどアメリカに来たヨーロッパ人が何が食べられるかを動物から見習うように、人間は試食し味わってみなければならない。従って人間は草のしるし、すなわち、言葉を集めていかなければならない。人間はライオンに立ちむかうに十分な強さをもってはいない。それゆえ、人間はライオンを遠くから避け、ライオンを遠くから声で知らねばならない。そして、人間にふさわしい仕方で用心深くライオンを避けるために、人間はライオンやその他多くの猛獣を見分けることを学び、従ってこれらの獣に名前を与えることを学ばねばならないのである。ところで、人間は経験を多く集め、いろいろな事物をいろいろな面から知れば知るほど、人間の言語は豊かになる。このような経験が多いほど、また、その経験によって得られるしるしを心の中で繰返すことが度重なるほど、人間の言語は確かな手馴れたものとなる。識別し、識別したものを整理できるにつれて、彼の言語は秩序だったものとなる。何年も続けてたゆみなく生きつづけ、絶えざる変転のうちに、終始、困難や窮迫と戦いながら、常に新しい対象との出会いを繰返していくとすれば、このような始まりは言語創造の機縁として、とるに足らないものであろうか。しかも、どうであろう。これは、ただ一人の個個の人間の生涯にすぎないのである。

動物が啞であるというのと同じ意味で啞の人間が、心のなかでも言葉を考えることができないとすれば、それは生物のなかで最も哀れな、最も無意味な、最もよるべのない生き物であり、最大の自己矛盾であろう。宇宙全体のなかで、いわば一人ぼっちで何の拠り所もなく、一切に対して何ものからも安全を保証されず、自己の力によってはなおさら救いようもない人間は、屈服するか、一切を支配するかのほかはなく、いかなる動物ももつことのできない叡智の術策によって一切をひとり占めするか、のたれ死ぬかのほかはないのである。無たるか、しからずんば悟性によって生物の王たれ。破滅するか、しからずんば言語を創造せよ。そしてこの迫りくる切羽詰った危機において、魂の諸力のすべてが集中され、全人類が人間であるために戦うならば、いかに多くのことが考えだされ、実行に移され、秩序づけられることができるであろうか。

社会生活を営むわれわれ現代人は、そのような状態のなかにいる自分を考えると、常にただ戦慄を覚えるばかりである。

「はて、もし人間がいろいろな危機に直面して、そのように遅遅とした不十分なやり方によって、すなわち、理性により、熟慮によって自分を救いださねばならないとすれば、理性の熟慮は実に緩慢であるのに比し、困窮や危険はなんと早急にさし迫っていることか。」

こうした異議はもちろん、いろいろな実例を挙げて大いに尾鰭《ひれ》がつけられるであろうが、しかし常にそれはわれわれが弁護している要点とは全く別の要点に対して喧嘩をふっかけているのである。多くの人間を結集し、彼らの能力と機能を活用して一つの共同体たらんとするわれわれの社会は、それゆえ、若いうちからこれらの能力を配分し、各種の能力がそれぞれ専門的に養成されるように、機会を与えなければならない。たとえば、甲という人間は社会のために、いわば代数学そのものとなり、理性の塊となり、他方、社会は乙なる人間においては、ただ胆力・勇気・腕力のみを必要とするという具合にである。ある人はすぐれた才能をもたないが、大いなる勤勉さをもつことによって社会に役立ち、他の人は一つの点に関しては天才で、他のすべてに関してはなんらの才能をもたないことによって社会に役立つ。社会を動かす歯車の一つ一つが、社会に対する独自の関係と立場を保持しなければならない。さもなければ、彼らは社会という一つの機械の全体を構成することにはならない。しかし一つの精神的能力を他の能力よりすぐれさせるために、他の多くの才能を著しく抑圧するこうした能力配分の在り方を、自然人の状態だと思わないでほしい。社会のなかで生まれ、教育され、思考のために頭脳を使うことと、書くために手を使うこと以外何の訓練も受けなかった学者を、彼の専門家としての寄与に対して与えられているすべての社会的な保護、すべての相互扶助的な便宜から外へ突然放りだして見たまえ。彼は未知の土地で自らのために生計の道を探し、野獣と戦い、一切に関して自らの守護神とならねばならない。その時、彼はなんと困惑することか。しかし彼はそれに打ち勝つ感覚も体力もない。感覚や体力を使う熟練さももたない。おそらく、彼は彼の哲学的抽象の迷宮のために、嗅覚・視覚・聴覚・敏捷な発明能力、ただ危険のなかでのみ培われ作用しつづけることを欲し、さもなければ眠りこんでしまうあの勇気と即座の決断力さえも失ってしまったであろう。ところで、もし精神の泉からもはや何も湧きでず、あるいは泉が涸れ始めるような年齢に彼があれば、もちろん、彼をこうした自然状態に立ち返らせて順応させようと思っても、今さら手遅れである。しかし当面の問題はそのような場合のことであろうか。私がいま述べている言語創造のための試みの一切は、学問的試みとしてなされたものでは全然なかった。従ってリンネ(6)が分類したような仕方で植物の特徴が見出されたわけではない。人類の最初の経験は、孤独な学者が暇にまかせて自然の隠れた歩みの跡をこっそりとつけて行って、自然が現に活動しているということではなく、むしろ自然がどのように活動するかを知ろうとするときにおこなうような、理性をゆっくり働かしつつ注意深く抽象化するあの冷静な実験ではなかった。そのようなことは、ほかならぬ最初の人間にとっては少しも重要ではなかった。どの草が有毒かということを、いちいち彼は明示される必要があったろうか。それではいったい、彼はこの点について野獣を見習う必要がなかったほどに、野獣以上の能力を授けられていたであろうか。彼はライオンを恐れることを学ぶために、まずライオンに襲われる必要があったのだろうか。人間が独力で快適な状態をつくりだすためには、彼の臆病さと弱さが、彼の意識性と精神力の非常な繊細さとが十分に結びついていたのではないか。なぜなら、自然自体がそれらの諸性質をそのために十分なものと認めていたからである。従ってわれわれは書斎にとじこもった臆病で観念的な学者などを、言語の発明者として全く必要としない。そして自己の魂を自己の肉体同様にまだ未分化のものとして感じている自然のままの原始人が、言語をこしらえる学士院以上に、われわれにとって重要である。原始人はいうまでもなく、学者などではない。それならば、われわれは学者を例にする必要などあろうか。人間が見ることができないことを証明するために、わざわざ相手の眼にごみを振りまく必要などあろうか。

ジュースミルヒ(7)は、この点でも私が相手にすべき論敵である。たとえ人間が模倣によって言語を発明したとしても、人間は言語を形成し続けることはけっしてできなかったということを示すために、ジュースミルヒは一つの章全部*を費やしている。人間の魂の働きなしに、単なる模倣によって言語が発明されたという考え方がおかしいということは、すでに証明されている。もし言語神授説の擁護者である彼がそれはおかしいと確信していたのであれば、それに反論するため、人間が悟性によって言語を発明したという考え方の反証にもならぬような生半可な多くの論拠を彼はわざわざかき集めたりはしなかったろうと、私は信じている。彼のその文章、それは言語の性質に関して勝手に仮定された要請と誤った公理でつなぎ合わされているが、その章全体を私はここで論述することはできない。なぜなら、著者ジュースミルヒは、ここで示してはならないような示し方で、終始それを示しているからである。それゆえ、私は当面の問題に関して必要な部分だけを取りだそう。すなわち、彼の反論のなかでは、「人間の言語が絶えず形成し続ける性質をもち、人間の魂が絶えず形成し続ける性質をもつという見方は、全く間違いである」と述べられているのである。

＊　ジュースミルヒ　第三章

「仮に原始世界の住民がわずか数千世代しか経ていなかった時代に、悟性の光は言語の使用によってすでにとても明るく輝いていたので、彼らは言語とは何かを理解し、このすばらしい手段の改良を考え始めることができたと仮定すれば……」*とある。しかしこの前提の何一つとして正しいものはない。言語とは何かを見きわめるために、数千世代を経る必要があっただろうか。最初の人間が最初の考えを抱いたとき、彼はそれを理解したのだ。言語を改良することはよいことだということを会得するために、まず数千世代を経る必要があっただろうか。最初の人間が彼の知覚した最初のしるしを配列し、調整し、区別し、組合せることに熟達したとき、彼はそれを理解したのであり、彼が何か新しいことを学ぶたびに、直ちに言語を改良したのである。なぜなら、もし最初の数千世代の間に言語そのものがすでに明らかにされていなければ、その数千世代のうちに、いったい、どうして悟性の光が言語によってそれほどまでに輝きわたることができたのであろうか。改良なしに輝きわたることが可能だというのか。そして、数千世代にわたる改良以前には、改良の端緒がなかったのだろうか。これは矛盾をもてあそんでいるのも同然である。

＊ ジュースミルヒ　八〇、八一頁

「しかし、この哲学的文献学的学習の絶対不可欠な補助手段として、文字が仮定されねばならないのではなかろうか」とある。いや、断じてそうではない。なぜなら、人間による言語の自然な生き生きとした当初の形成過程は、哲学的文献学的学習のようなものなどでは絶対になかった。いったい、哲学者や文献学者は彼らの黴くさい博物館で、活動しながら生きている言語のどこを改良しうるのだろうか。

「すべての民族は、いったい、同じような方法で改良の仕事にとりかかったのだろうか」とある。そのとおり、全く同じやり方によってである。なぜなら、彼らはみな人間として着手したのであり、従ってわれわれは言語の最も本質的なこの発端については、一つの例をすべての民族に当てはめてもよいほどである。しかし、最大の奇跡はすべての言語が八つの文要素をもつことであるなどと言えば、*これまた事実に反し、結論を誤っている。必ずしもすべての言語が、太古からずっと八つの文要素をもっていたのではない。言語の構造に関する最初の哲学的洞察が、この八つの文要素が徐徐に相互的に発展したのだということを証明している。非常に古い言語にあっては、動詞は名詞より以前に存在していた。そしておそらく間投詞の方が規則動詞そのものより以前に存在していたであろう。それほど古くない言語にあっては、名詞は動詞と同時に派生したのである。しかしギリシア語についてさえも、アリストテレス(8)は次のように言っている。ギリシア語においてもすべての言い表わし方は最初はこの八つの文要素だけで、他の文要素はようやく後になって文法家によってこの八つの文要素からつくられたと。ヒューロン語について私は全く同じことが述べられているのを読んだことがあるし、近東諸言語については、このことは明白である。文法家のこのような身勝手な半ば非哲学的な八つの文要素への抽象化は、全くもって、なんという曲芸であろう。これが蜂の蜜房の形と同じように規則正しく、神神しいものといえるだろうか。もしそうなら、それは絶対に人間の魂から説明しうるはずはないし、必然性をもったものとして示されないのではないか。

＊ジュースミルヒ　第三一、三四章

「ところでいったい、人間をこのようにきわめて厄介な改良という仕事へ誘ったものは、何であったというのだろうか。」いや、それはけっして書斎での厄介な思弁的な仕事などではなかった。先験的に抽象的な改良ではけっしてなかった。それゆえまた、われわれの洗練された現代社会においてのみ見られるような改良への誘因を必要としなかった。私はここで私の論敵を完全に無視しなければならない。「最初の改良者は真にすぐれた学問的頭脳の持主であり、現代のたいていの学者よりも、言語およびその内実に関して、確かに広く深く洞察していたに違いない」と彼は考えており、「この古代の学者たちは至る所で、彼らの言語が不完全で改良可能であるだけでなく、改良の必要があることを認めていたに違いない」とも考えている。彼はまた「彼らが言語の目的を正しく判断したのは当然であった」とか、「達成すべき目標についての彼らのイメージは、この困難な仕事を引受ける動因となるために十分なほど、完全で確固とした明確なものであったに違いない」と考えている。要するに、今日の学者は現代のあらゆる偶然性から一歩も出ようとはしない。いったい、そんな視点でどのようにして言語というものの成立について書くことができたのであろうか。もちろん今世紀においては、言語の成立は許されないばかりか、殆ど不可能であったろう。

ところで、われわれは今ではすでにいろいろな時代、地方および形成段階の人間を知っているので、変化に富んだこの大芝居から、われわれは一層確実に幕あき当時のことを類推することができるのではないだろうか。理性が洗練された社会的多面的な知性の鋳型にはめこまれることがまだ最も少ない地球上の片隅では、今なお、感性・生来の洞察力・狡猾さ・大胆な行動力・激情・創造の才など、人間の完全でまだ分化されていない魂が最も生き生きと作用していることをわれわれは聞き知っているのではないだろうか。(9) そこでは、人間の魂がまだ退屈な規則にはめこまれておらず、依然として欠乏・生命の危険・切実な要求の世界に生きており、常に完全な存在としてういういしさを失っていないからである。そのような所で、そのような所でのみ、人間の魂は独力で言語を創造し、形成し続ける力を示すのである。そこでは、人間の魂は感性およびいわば本能的なものを十分にもっているために、生きた自然のすべての音声、表出されるしるしのすべてを、もはやわれわれにはできないほど完全に感じとることができ、意識がそれらのしるしを区別するときには、それはぴったりと呼びわけることができるほどである。魂の諸力がまだ発達しておらず、それぞれの能力が一つの領域だけに限られていなければいないほど、すべての能力がそれだけ一層強く力をあわせて作用し、その迫力の集中は密度を増してくる。しかし束ねられたこの強固な矢もバラバラにすれば、それらはすべて折れやすくなるであろう。事実、一本一本では奇跡は起こりえない。学者の生命のない抽象能力だけでは、言語は創造しえないのは明らかである。

だが、これが当面の問題であったのだろうか。あの外界への衝動はもっと奥深く突き進んだのではないだろうか。そしてあらゆる感覚が絶えず合流し、その中心になお内的な感覚が目覚めている所では、依然として新しいしるし・秩序・視点・直感が顕在していたのではないだろうか。すなわち、絶えず言語が新たにふえていったのではないだろうか。従ってもし八つの文要素のことを問題にしなければ、社会的な一切のきっかけがなくとも、人間の魂がそれだけ一層激しく自力できっかけをつくり、内的衝動と外的必要に迫られて、感受と思考のあらゆる行為をおこなうならば、人間の魂は言語創造のための最適の刺戟を受けるのではなかったか。そうであったればこそ、言語は人間の諸能力が完全に展開されることによって生まれたのである。

今世紀の人々がおおらかな自然の広大な明るい光を知ろうともせず、人工の影や暗い仕事場にばかり眼を奪われているのはどうしてなのか、私には不可解である。言語創造という、生きた世界に直接触れてはじめてなすこともできれば実現することもできる人間精神の最大の英雄的行為が、今では埃まみれの教室での演習になってしまい、文芸や雄弁術の傑作は、白髪の子供や幼い子供が文型を覚え、文法規則を穿鑿する稚戯となってしまった。われわれは形式ばかり追いもとめてその精神を見失ってしまい、ことばは覚えたが、その内容のもつ生きた世界は感じとらないのである。同じことが人間精神の最もすぐれた成果である言語形成一般についてのわれわれの判断に関しても言える。われわれの判断によれば、世界の生きた息吹き、躍動する大自然の精神で人間に活力を与え、人間を呼びさまし形成し続けてきたものを、生命のない思弁によって学ぼうというのである。文法学者によってあとからつくられた気の抜けた法則が、われわれが有難がる最も神聖なものだと称され、どんなに不規則にみえようとも、その核心においては人間の精神とともに形成された真の神的な言語の本質を忘れてしまっているのである。言語形成は研究室という日影に退いてしまった。そこからはもはや現実世界に対して何の働きもおよぼさない。それゆえ、初めて言語をつくった人たちが生き、感じ、創造し、つくりあげねばならなかった陽のあたる世界などは、けっして存在しなかったといわれるのである。他方、人間をその力の根底で見誤ることなく、未開人の言語にひそむ力強さ・たくましさ・偉大さ、要するに言語の本質そのものを見誤ることのない人たちの感情を私は論拠としており、従って次のように話を進めるのである。

第二章

第二の自然法則

「人間は本来、群をなす社会的生物である。従って人間にとって言語形成を続けることは自然であり、本質的必然的である。」

人間の女性は動物の雌と異なって交尾期をもたない。また、男性の生殖力は動物の雄ほど制御のきかないものではないが持続的である。ところで、コウノトリもハトもつがいになるのに、なぜ人間がそうでないはずがあろうか。

人間は、毛むくじゃらの熊や刺のあるハリネズミと比べると、弱く、みすぼらしい、むき出しの動物であり、洞窟を必要とする。そして、その洞窟は上述の理由で当然、共同体的な洞窟となる。

人間は他の動物に比べて弱く、多くの地域では季節の脅威に著しく悩まされている。従って人間の女性は妊娠したり出産するときは、卵を砂漠に生みおとす駝鳥以上に社会的保護を必要とする。

結局のところ、とりわけ人間の子供、この世に生みおとされた乳呑み児は、いかに人の手による援助と仲間からの同情を頼りにしていることであろう。植物のように母の胎内に宿っていた状態からこの世に投げ出される人間の子は、もし養ってくれる母親の乳房がなく、息子として抱きあげてくれる父親の膝が迎えてくれなければ、あらゆる動物のうちで最もか弱いよるべない生物であることだろう。こうして見ると、人類の集団化を促した自然の配剤は誰の目にも明白になるであろう。しかも人類の集団化の傾向は、思慮をそなえた生物としての人間にふさわしい程度に、本能に類似したものであった。

私は最後の論点をさらに詳しく説明しなければならない。なぜなら、この点にこそ自然のわざが最も明瞭に顕われているからであり、そして、私の推論はこの事実からしてそれだけ一層速やかになるからである。もし現代の粗野なエピクロス派[10]の人々のように、一切を盲目的快楽もしくはむき出しの利己心から説明するとすれば、誰が子供たちに対する両親の感情やこの感情から生ずる強い絆を説明できようか。ところで、この哀れな地上の住人はみじめな状態でこの世に生まれてくるのだが、自分がみじめであることも知らない。彼は憐みを必要とするのだが、いくらかでも憐みに値するものになりうるわけでもない。彼は泣く。しかしこの泣き声すら、フィロクテーテス[11]の絶え間ない叫喚が、彼のこの上ない功績にもかかわらず、彼を荒涼たる島に置去りにしたギリシア人たちにとって煩わしかったのと同様に、周囲の者たちには煩わしいものにならざるをえないであろう。それゆえ、現代の血の通わぬ学問によれば、自然の絆は、まさにそれが最も強く作用している個所で、真先に千切れてしまわねばならないであろう。母親は、彼女にかくも多くの不都合を味わわせた胎児をやっと苦痛に耐えて生みおとしたのである。もし単に享楽と新たな情欲だけが問題なのであれば、彼女はそれを投げ捨ててしまうはずである。わずかの間に情欲を鎮めてしまった父親は、なぜさらに母親と子供を苦労の種として気にかける必要があろう。彼はルソーの獣人(12)のように森の中へ駆けこみ、動物的享楽のための別の相手を求めるはずである。この点、人間と動物の場合とでは自然の秩序が全く正反対になっており、他の点に比して一層賢明に配慮されていることか。苦痛と不都合こそが、母性愛を一層大きくするのである。乳呑み児の愛らしさではなく、憐れむべき状態、体質のか弱さ、頼りなさ、煩わしく面倒な養育の苦労こそが、両親の感動を倍加するのである。母親は、彼女に最も多くの苦痛を与え、彼女を幾度とも知れず死別の恐怖で脅し、彼女が最も多くの涙をその上に流した息子を、一層暖かな感激をもって見つめる。父親は、幼いころに危険から救いあげてやり、最大の努力を払って扶養し、指導と教育に最大の苦労をかけた息子を、一層暖かな感激をもって見つめる。このようにして、自然は種族全体においても弱さを転じて強さとなす術を心得ているのである。「人間がかくも無力で、かくも貧しく、かくも自然の導きから見放され、他のいかなる動物にも見られないほどに完全に技能や才能を欠いたままこの世に生まれてくるのは、まさに人間が、他のいかなる動物とも異なって、教育を享受せんがためであり、そして人類が、他のいかなる動物類とも異なって、一つの緊密に結合した共同体とならんがためにほかならない。」

幼い鴨たちは、彼らを孵化してくれた母のもとから逃れ去って、母なる自然の呼び声が引きよせた水のなかで嬉嬉としてパチャパチャ水音をたてながら、岸にいて嘆いている彼らの育ての母の呼び寄せる警告の声に耳をかさない。人間の子供もまた、もし鴨の本能をもってこの世に生まれてくるのであれば、同じようにするであろう。小鳥はみなそれぞれ巣をつくる器用さを卵のなかから持参し、それを次の世代に伝えないままに死んでいく。自然が彼らにかわって伝授するのである。すべての小鳥がそれゆえ、個個に孤立しており、自然の直接の作品である。従って小鳥の場合、種族の魂の進歩、すなわち、人間においては先天的に具っているような全体的連帯はみられない。人間の場合には、困窮とギリシア人たちが「親の愛」なる言葉で表現していたかの情深い衝動によって、生まれながらにして互いに結びつけられているのであって、従って「伝授と養育の絆」は人間にとって本質的なものとなったのである。人間の場合は、両親は彼らの観念の領域を自分たちのために蒐集してつくりあげたのではなく、それは同時に、伝達されるために存在したのである。そして、息子は両親の精神的富を、いわば要約の形で相続するという有利さをもっている。両親は教えることによって自然に対して負債を返済し、息子たちは習得することによって、観念を欠いた天性の欠陥を補う。そして今度は息子たちが、父祖伝来の富を彼ら自身の富によってふやしそれをまたさらに次代に伝えることによって彼らの負債を自然に対して返済するであろう。「いかなる個人もひとりだけで存在するのではない。彼は種族全体のなかに組みこまれている。彼は連綿と続く流れのための一部分にすぎない。」

この事が全体の連鎖に対してどのような作用をなすのかはあとで見ることとし、ここでは最初の二つの環、すなわち、教育的伝授による家族的思考様式の形成だけを見るにとどめる。自己の魂の伝授、両親の観念領域は言語の継続的形成であるので、「自然が種族全体をそれによって結合した家族精神による人間教育の伝播もまた、同様に言語の継続的形成となる。」

まだ口のきけない幼児がこんなに無力で無知な姿で母親の乳房や父親の膝にまつわりついているのは何のためであろうか。彼が教えを渇望し、言語を学ぶようになるためである。人間の子がか弱いのは、彼の種族が強くならんがためである。そこで生みの親たちの魂全体と思考様式全体が、言語によって幼児に伝達される。しかし親たちの伝達するものが自分で考えたもの、自分で感じたもの、自分で発明したものであるからこそ、彼らはそれを子供に喜んで伝達するのである。最初の言葉を口ごもる乳吞み児は、彼の両親の感情を片言で何度も繰返し、舌と魂がそれによって形成されていく幼いころの片言の一つ一つによって、これらの感情を永遠化することを誓うのである。そして現に事実、彼はこれらの感情を父の言葉、あるいは母の言葉と呼ぶのである。幼年期のこの最初の印象、両親の魂と心から受けとったこれらの心像は、生涯にわたって彼の内面に生き続け、作用し続けるであろう。その言葉を思いだすとともに、幼いころに彼の魂を満たした全感情がよみがえるであろう。言葉の観念とともに、当時朝のように清新な幼時期の眼で自然界を眺めたときに彼の前に存在していたもろもろの付属観念がよみがえり、純粋明晰な主要観念自体よりも一層力強く働きかけるであろう。それゆえ、これが家族的思考様式となり、従って「家族語」となるのである。ところが、ここに感情のひややかな哲学者がいてたずねる。*「いったい、どのような法則によって人間たちは彼らの勝手に発明した言語を互いに押しつけ合い、相手側にこの法則を受けいれることを認めさせることができたのだろうか」と。ルソーがあんなに激越な口調で、そしていま一人の別の著述家があれほどながながと論じたてるところのこの問い(13)は、われわれが自然の経綸を一瞥するならばおのずと答えが出てくるので、今さら誰が上述の長ったらしい説教などを我慢して聴いていられようか。

＊ ルソー

言語の家族的な継続的形成は、十分に法則であり永遠化ではないのか。生来か弱い部類に属する女性は、経験豊かで保護者的立場を占め言語創造の担い手である男性から、法則を受けとらざるをえないのではないか。事実、単にやさしいだけの恩恵としての伝授が、法則と呼ばれるに値するだろうか。無力な幼児は、本来の意味では「まだ口の利けない者(14)」といわれているように、言語を受けいれざるをえないのではないのか。なぜなら、幼児は言語によって母の乳と父の精神を享受するからである。そして何ものかが永遠化されるとすれば、この言語こそが永遠化されねばならないのではなかろうか。事実、この自然の法則こそは、狡猾な政治が締結し、賢明な学者が数えたてるもろもろの条約よりも、もっと強力である。いつかわれわれが幼時期の言葉を——人生の朝明けのころ、それと一体となってわれわれの魂全体が形成された幼時期のこの遊び友だちを——誤認することがあるだろうか。いつかわれわれがそれらを忘れてしまうことがあるだろうか。母親から教わった言語は、事実、同時にわれわれが見た最初の世界、われわれが感じた最初の感情、われわれが享受した最初の活動と歓びであった。場所と時間、愛と憎悪、歓びと行動などの付属観念、そして火のように激しい沸き立つような幼児の魂がそうしたものを感じた際に考えたことすべてが、ともに永遠化される。——

「今や言語はすでに基幹となるのである。」

「この言語という基幹が未成熟であればあるほど、それは一層内容的に充実している。」

独力では何一つ考えたことがなく、自力で何一つ考案したこともなく、一切を単に機械的に学んできた現代の父親たちは、彼らの息子たちの教育について、自己の所有となりきっていないものの永遠化について、どうして気にかけることなどあろうか。しかし人類最初の父親、一つ一つの言葉の創造のために精魂を傾け、息子たちの教育のために言語の働きに負わせたなまなましい労苦の跡を言語の至る所に感じていた最初の苦労した言語発明者たちは、いったい言語以外に、どのような教師に頼ることができたであろうか。彼らの子供たちの言語全体が父親たちの思考の一種の方言であったし、父フィンガルに捧げられたオシアン(15)の歌のように、父親たちのいさおしの一種の讃歌であった。

ルソー一派は最初の所有物の起源およびその所有権に関して、いろいろと理屈にあわぬことを口にしている。しかし、ルソーが彼のよく口にする獣人(16)の本性をたずねさえしていたら、獣人は彼にきっと答えたであろう。なぜこの花はその蜜を吸う蜜蜂のものなのか。蜜蜂は答えるだろう。「自然がこの花の蜜を吸うように私をつくったからです。この花だけをめざして他の花は見向きもしない私の本能が、私にとってはともかくも命令者なのです。それがこの花やこの種の花の咲いている花園を所有するように私に命じたのです」と。ところで、もしわれわれが最初の人間に「何がこれらの草についての権利をお前に与えたのだ」とたずねれば、彼は次のように答えるよりほかはないであろう。

「それは、私に意識を授けた自然です。これらの草を苦労して覚えました。苦労して妻や息子にも覚えこませました。われわれはみな、これらの草を食べて生きているのです。その上でブンブンいっている蜜蜂や草を食べている獣よりも、私はこれらの草に関して多くの権利をもっているのです。なぜなら、蜜蜂や獣は覚えたり、覚えさせたりする骨折りをしなかったからです。従って私がこれらの草にしるす一つ一つの想いが、私の所有権のしるしなのです。私がこうした生活の糧を他所に見出さない限り、もし私をここから追い拂うものがあれば、私から生命を奪うことになるばかりではなく、事実、私の過去の年月の意義、私の労苦、私の骨折り、私の想いの数数、私の言語さえも奪いとることになるのです。私は自分の力でこれを手に入れたのです」と。

人類最初の人間にとっては、覚えこむこと、すなわち、しるしや言語を通じて事物の上に自分の魂をしるしつづけたことは、硬貨にしるされている刻印以上に、所有権の何よりの証拠ではないだろうか。

「従ってまさにそれが父親の教育手段になることによって、言語はなんと秩序づけられ成熟したことであろう。」

人はみな、他人に教えることによって、自らも習得するようになるのではないのか。自分の心像を他人に語り伝えることによってそれを確かめ、自分の言葉が舌たらずの子供の唇によって繰返し口ごもられるのを耳にして、それを吟味するのではないだろうか。この段階に至って、言語は技術として、方法としての形式をそなえることになる。この段階において、最初は人間の魂とその生来の思考論理の写しであった最初の文法が、すでに鋭い検討を通じて修正されたのである。

この点に関し、例の調子で「いったい、母親は自分の子供に言わねばならぬことなど多くあったのだろうか。子供の方が母親にはるかに多くのことを言わねばならなかったのではなかったか。そうだとすれば、いったい、子供は言語をどこから学んでそれを母親に教えたのであろうか」と叫ぶルソーは、(17)ここでも例の如く、われわれをびっくりさせるような大袈裟な叫び声をたてている。もちろん、母親が子供に対して教えなければならないことの方が、その逆の場合よりも多かった。なぜなら母親の方が教える能力の点でまさっていたからである。また、ルソーが憐憫の念から動物たちには認めておきながら、高邁さから彼と同類である人間には認めていない母性的本能・愛情・同情が、乳がはってくると子供に吸わせざるをえないのと同様に、母親にこうした教育を促したからであった。いろいろな動物の例からも、親が仔を彼らの生活法になじませるということがわかるのではなかろうか。そしてもし父親が彼の息子を幼いころから狩猟に習熟させたとするならば、それは伝授と言語なしにできただろうか。「そうした口授の事実が、すでに出来上った言語があってそれを子供に教えたのであり、けっしてその時になってようやく言語が形成されたのではなかったことを示している。[18]」

いったい、これもまた例外をなすような相違点であろうか。なるほど言語は父親や母親のうちにすでに出来上っていて、彼らはそれを子供たちに教えた。しかしそれは言語がすでに完全に出来上っていて、子供たちに教えなかった言語までもすっかり出来上っていたことをも意味するのだろうか。一層視野が広がり文化の向上した新しい世の中になっても、子供たちはもはやそれにつけ加えてなんらの言葉も発明することができなかったというのだろうか。あるいは、もし部分的には出来上ってはいるが、さらに形成し続けられる言語などというものがあれば、それは矛盾だというのであろうか。学士院や作家たちや辞書の力であのように形成されたフランス語が、独創的な作家や社会に新風をもたらす才人の出現によってもはや新たに形成ないし歪曲される必要がないほどに、いったい、いつの時代にすでに完成し尽されていたというのであろうか。——この種の誤った推論を、事実、反対意見の擁護者たちは相変らずもてあそんでいる。彼らの非難の詳細にいちいちつきあっているだけの価値があるかどうかは、読者の判断にまかせたい。

反対意見の別の擁護者は言っている。「しかし、もし人間たちがルクレティウス[19]のいうような『もの言わぬおぞましき群獣』であったとすれば、いったい、必要に迫られて彼らの言語を形成し続けようなどとしたであろうか。」そして、彼は未開人たちについての生半可な多くの論拠にかかわりあっている。「断じてそうではなかった」と私は答えよう。もし人間たちが「もの言わぬ群獣」であったとすれば、彼らはけっして言語を形成し続けようとしなかったであろうし、また、できなかったであろう。なぜなら、「もの言わぬ群獣」はもともと言語を形成しえなかったからである。しかし未開人はそうであったか。最も野蛮な民族といえども、人間は果して言語をもたなかっただろうか。人間は、学者たちが頭のなかで勝手に想像しているように、かつて「もの言わぬ群獣」であったことがあるのだろうか。

彼はたずねる。「獣たちはすべて強制をきらい、人間はすべて怠惰を好むので、コンダミーヌが述べているオリノーコ族(20)が、彼らの間のびした八音節の重苦しく難解な言語を改良することなど、果して期待できるであろうか」と。それに対して私は答える。まず第一に、この事実も、彼が引用している殆どすべての事実*同様に間違っていると。「彼らの間のびした八音節の言語」だって。オリノーコ族の言語はそうではない。コンダミーヌはただ次のように述べているだけである。「オリノーコ族の言語は非常に発音しがたく、独自の構造をもっているので、彼らが三乃至四音節で発音するところで、われわれは七乃至八音節書きつづらねばならない。しかも、われわれはそれをとうてい完全には書きあらわせなかった。」これが、この言語が間のびしていて八音節だということになるのだろうか。「重苦しく難解」だって。この言語がそのように思われるのは外国人にとってだけではないのか。外国人たちのためにオリノーコ族は、彼らの言語を改良しなければならぬというのか。どんな外国語をも学べば必ず切り縮めてしまわずにはおかないフランス人がやってくる場合を予想して、彼らはその言語を改良し、フランス語化せよとでもいうのか。オリノーコ族が彼らに固有の神を下船してくる異邦人と交換したがらなかったからといって、そのために、彼らがなんら言語形成をしておらず、いや、それればかりか、まだいかなる言語も自力でつくっていなかったということになるのか。事実、彼らが言語に関してもはや何も形成せず、彼ら自身の便宜のためにもそうだと仮定してもよいが、それではいったい、現在ではもはや背が伸びなければ、過去においても全然成長しなかったということになるのか。未開人たちは現在必要に迫られなければ何もしたがらないからといって、彼らが過去において何もしなかったというのであろうか。

* ジュースミルヒ　九二頁

「発展途上にある種族にとっては、家族語というものはなんと貴重な宝であることか。」すべての大陸の殆どすべての小民族において、いかに未開であろうとも、彼らの父祖についての歌謡、祖先たちのいさおしを称える歌は、彼らの言語・歴史・文芸の宝庫であり、彼らの叡智・励みであり、彼らの教育・遊戯・舞踏である。ギリシア人たちは彼らのアルゴ号の乗員(21)について、ヘラクレス(22)やバッカス(23)について、英雄やトロヤの征服者(24)について歌い、ケルト人(25)たちは彼らの種族の祖先たちについて、フィンガルやオシアンについて歌った。ペルー人や北アメリカのインディアンたちの間でも、カリブ諸島(26)、マリアナ諸島(27)においても、今日なお、原始語のこうした根源が彼らの種族や祖先を称える歌謡のなかに支配的である。それは世界の殆どすべての場所において、父親と母親が似たような呼び方をされているのと同様である。ただここで注意すべきことは、われわれが実例を挙げた多くの民族のもとで、なぜ男性と女性がたいてい異なる言語をもっているかという理由についてである。すなわち、それは男女両性がその民族の風習によって、それぞれ気高き性と不浄の性として、食事すら一緒にしない二つの殆ど全く分け隔てられた集団を形成しているからである。子供の教育が父親によってなされたか母親によってなされたかによって、言語も父親語乃至母親語にならざるをえなかった。それはちょうど、ローマ人たちの風習に従って古代ローマに「家内奴隷語」といったものさえできたようなものである。

第三章

第三の自然法則

「人類全体がいつまでも一つの群をなすことができなかったように、人類全体が一種類の言語をもち続けることはできなかった。従ってさまざまな民族語が形成された。」

「本来の形而上学的な意味においては、すでに男と女、父と息子、子供と老人の間で言語が同一であるということはけっして可能ではない。」たとえば近東語に関して、長母音と短母音、多様な気音と喉音字母、同じ器官による文字の容易で多種多様な交換、休止記号と言語記号、そのほか文字であらわすのが困難であるすべての相違点、すなわち、音調とアクセント、その増減および言語の諸要素にみられるその他の数多くの偶然的なこまかい事柄の果てに至るまで、綿密に調べてみるがよい。他面、男女両性の間、若年と老年、また二人の同じような人間の間でさえも、音声器官の構造を変えてしまう多くの偶然や個別的な原因、すなわち、第二の天性となる習慣の違いなどに基づく音声器官の相違に注意してみるがよい。全く同じ姿と顔つきをした二人の人間が存在しえないのと同様に、発音さえも二人の人間の口にのぼれば、それは二つの言語であって、同一の言語ではありえない。どの種族も彼らの言語にいわば家風のようなものをもちこむことになるだろう。それが、発音の点から言えば、いろいろな訛となる。

風土、すなわち、大気や水、食物や飲物が言語器官および当然のことながら言語にも影響を与えるだろう。

社会的風習や習慣という強力な女神が、やがて各種族特有の身振りや礼節に従って、いろいろな特性や相違点をもちこむであろう。それが方言というものである。近東語の同系の方言についての学問的研究があるとすれば、それはこれらの命題の最も好都合な証明となるであろう。

以上述べたところは、ただ発音に関してのみであった。しかし、語そのもの、言語の核心である意味についてみれば、それはなんと限りなく多種多様であることか。われわれがすでに見たように、きわめて古い時代の言語は、無数の同意語を含んでいる。そして、それらの同意語のうち、ある人にはある語が、別の人には別の語が最もなじんだものになるという風に、ある特定の語がある人の視点に一層適したもの、感覚領域に一層深く根ざしたもの、人生行路に一層しばしば現われるものとなり、要するに、その人に最も多くの感銘を与えるものとなったとき、愛用語・特有語・慣用語、すなわち、語風というものが出来上ったのである。

その人の場合、別の語が残らずこの語の方が残ったのは、別の語が一つの副次的な観点を通じて主要項目からはずされたからである。この場合、時間の経過とともに主要概念の精神そのものが変化したのであり、従って独自の活用・派生・別形・前つづりや付加語、さらに意味の全部乃至半分の転換と除去、要するに、新しい特有の語風が生じた。そしてこれらすべては、言語が人間にとって彼の魂の意向であるのと同様に、自然なことであった。

言語はそれが生き生きとしていればいるほど、その起源に近ければ近いほど、従ってまだ若くて成長の時期にあればあるほど、それだけ一層変わりやすい。言語が規則に従って学ばれ、学問において用いられるだけで生き生きとした人間関係のなかでは用いられず、特定の数の対象と用法しかもたなくなり、従ってその辞書が完結し、その文法が確立され、その領域が固定されているような所、すなわち、書物のなかでのみ用いられるとすれば、そのような言語は変化するというよりは、むしろ著しくは変化しないままでいることができる。しかしその場合でも、著しくは変化しないというだけのことである。しかし野性的で自由な生活、広大な創造の懐のなかではぐくまれる言語、まだ正式の規則もなく、書物も文字ももたず、そしてまだ傑作もつくられず、なお日に日に豊かにされなければならないほど乏しく未完成で、なおいつでも注意力のわずかな合図、情念と感受のどのような命令にも応えて直ちに若若しくしなやかになりうる言語——そのような言語は、環境が新たになるにつれて、考えの基準が変わるにつれて変化していかざるをえない。千篇一律のエジプトの法律でも、ここでは反対の結果をひき起こすことはできない。

「ところで、明らかに地球全体は人類のためにつくられており、人類もまた、地球全体のためにつくられている。」（私の言わんとする意味は、地球のそれぞれの住人、それぞれの民族がいきなり一足飛びに正反対の風土のために、従ってすべての地域のためにつくられているというのではなく、全人類が地球全域のためにつくられているという意味である。）われわれがどこを見回しても、まるでもともとその地域に住むように定められている原住動物さながら、人間はそこに住みついている。人間はグリーンランド[28]では氷の間で生きながらえ、ギニア[29]では頭上から太陽を浴びて身を焦がしており、ラップランド[30]でトナカイに引かせて雪の上をすべるときも、アラビアの砂漠を喉をかわかしたラクダに乗ってわたる場合も、それぞれ自分の居所を得ている。穴居人の洞窟やカバイル族[31]の山頂、オスチャーク族[32]のオンドルやムガール帝国[33]皇帝の黄金の宮殿にも人間がいる。地球が極のところで扁平になっており、赤道のところが高くなっているのも[34]、また、地球がまさにこのようにして太陽の周囲を回って地球にいろいろな地域・季節・変化があるのも、すべて人間のためである。他方、人間は地球上の地域、地球上の季節や変化のために存在している。従ってここでも、動物の各種類がただそれぞれに固有の土地、比較的狭い領域しかもたないのに反して、人間は地球上至る所に住むように定められているという自然法則が明らかとなる。すなわち、地球の住人としての人間の姿が明らかとなってくる。そして事実そうだとすれば、人間の言語はまた地球の言語ということになる。世の中が新たになるごとに言語も新たになり、それぞれの民族に固有の民族語が生まれる。私はこれらの変化の上述の動因すべてをここで繰返す余裕はないが、言語は地球の丸い表面上のプロテウスとなる。[35]

現代の流行哲学者たちの多くは、[36]このプロテウスを捉えてその真の姿を見ることができなかったので、次のような説の方が彼らには本当らしく思われたのであった。すなわち、

「自然は、それぞれの風土にその土地特有の動物を配したのと同じように、それぞれの大陸に数人ずつの人間を祖先として住まわせた。そしてその人間たちが、ちょうど彼らのからだ付き全体がもっぱらその地域にふさわしくつくられていたのと同じように、それぞれ独自の地域語や民族語を創造したのである。例の言語をもち、例のうすい髭をはやし、例の器用さと気質をそなえた小柄なラップランド人は、彼のトナカイと同様にもともとラップランド的人間動物であり、また、あの皮膚、あのイカの墨袋のような色黒さ、あの唇と毛髪をもち、あの七面鳥の鳴声のような言語を喋り、あのように愚鈍で怠惰な黒人は、同じ風土に住む猿と血のつながった兄弟である。それぞれの人種が異なっているように、地球上のいろいろな言語の間には類似性など夢想もできない。それゆえ、神が地球全体のために人間の祖先としてあのようにか弱く臆病な男女ただ一組の人間を、自然の猛威や野獣の犠牲になるがままにして地球の一隅に住まわせ、数知れぬ偶然的な危険にゆだねたなどと考えることは、神について非常に愚かな考え方をしたことになる。」

もっと弱腰の意見は次のように続ける。「少なくとも言語が人間精神の自然な産物であり、人類と

ともに徐徐にいろいろ異なった風土へと広がっていったのだとすれば、言語も徐徐にしか変わらなかったはずである。民族の変異・移住・血縁関係がそれに応じて進行するのを見ることができ、至る所で考え方・話し方・生き方について、微細な差異に応じて正確に説明をつけることができなければならないはずである。ところが、誰にそんなことができるだろうか。同じ地域にいながら、すべてがボヘミアの森と化するほど異なった言語をもっている小民族たちが、同じ風土の中で、しかも互いにぴったり隣接して存在しているのにすべての大陸でお目にかかるではないか。北アメリカや南アメリカ、アフリカやアジアについての旅行記を読んだことのある人にならば、森の木の数ほども多いそうした実例をいちいち数えてみせる必要もないであろう――従ってここで人間のおこなう研究の一切は行きどまってしまう」とこれらの懐疑論者たちは結論を下している。[37]

ところで、これらの連中はただ疑ってみることしか知らないので、ここで研究は行きどまるのではなく、「互いに隣合った言語間に見られるこうした相違は、一つの民族間における部族語の統一と同様に、ごく自然なものとして説明することができること」を私は明らかにしてみるつもりである。

諸部族が個個の国家に分かれていく過程が疎遠、移住、新しい関係の樹立などといった退屈な状況に従って進行するものでないことは、確かなようである。そのような状況を一つ一つ、暖い血のかよっていない暇な学者などがコンパスを手にして地図の上で計測し、また、そうした計測に基づいて諸民族の血縁関係に関する大著がこれまで幾冊も書かれたのであるが、そこではすべてが本当であるとしても、すべての計算の拠り所となった原則そのものが誤っているのである。現実世界を一瞥するならば、身近な関係にある民族間の言語の相違をきわめて自然に誘発するようないろいろな動因が存在している。ただ、手前勝手な体系を無理やり当てはめて、人間の本当の姿を歪めようなどと考えることだけは控えるのがよい。人間はルソー流の獣人[38]ではない。なぜなら、人間は言語をもっている。人間はホッブズ[39]の考えるような狼でもない。なぜなら、人間は部族語をもっている。しかしまた、人間は別の状況におかれて途方にくれる仔羊でもない。すなわち、人間は自分にふさわしく別種の環境・習慣・言語を形成することができるのである。要するに、「きわめて身近な関係にある小民族間にみられる言語・思考様式・生活様式の相違の原因は、部族相互・民族相互の憎しみである。」

人間の天性をなんら誹謗中傷するつもりはなくとも、部族本位の思考法に即して考えてみるならば、二つ乃至いくつかの隣接の部族同士がやがて争いのたねを見出すことは、当然の成行きと考えられる。同種の欲求が諸部族をまもなく、いうならば、食物と水をめぐっての争いに巻きこんでいく。たとえば、羊飼いの二つの集団が泉や牧草地のことで争う。その種の争いは場所によってはしばしばきわめて自然なことであろうが、単にこのようなことだけではなく、ねたみ・名誉心・自己の種族とその優越性に対する自負心などといったはるかに激しい火花が、彼らの激情を煽るのである。内に向けられると、部族の統一を強める同じ部族的性向が、外に向けられると、他の部族に対する争いや部族間の憎しみを激化することになる。内にあっては、多くの人を一層強固に一体とならしめるのに反して、それが外に向かえば、二つの集団を直ちに敵同士と化すのである。こうした敵対心と恒常的な戦いの原因は、この場合、卑しい悪徳というよりも、むしろ人間らしい高貴な弱さなのである。

こうした段階においては、人類は蓄財よりむしろ行動力の方を多くもっているので、気骨を失った後の時代とは異なり、煩わしい蓄財より行動力に対する誇りの方が体面にかかわる問題である。ところが、勇敢な男であることと勇敢な部族に属することは、当時は殆ど同じことであった。なぜなら、息子は多くの点で、現在よりずっと本来的な意味で、父親から美徳と勇敢さを受けつぎ学びとり、また部族全体が、おおよそあらゆる場合に、勇敢な男を尊敬したからである。それゆえ、「われわれの仲間、われわれの子孫でなきものは、われわれより劣る」という合言葉がまもなく生まれたのも当然であった。よそ者はわれわれより劣る者であり、「夷狄」である。このような意味で「夷狄」という言葉は、蔑視の合言葉となった。「夷狄」、それはよそ者であると同時に、知恵や勇気やそのほか当時体面にかかわるあらゆる能力の点で、われわれに比肩しえない卑しい者であるという意味であった。

さて、あるイギリス人(40)がいみじくも言っているように、もし自己の利益や財産の安全だけにかかわることであれば、隣人がわれわれほど勇敢でないということは、確かに憎しみの原因とはならず、われわれはそのことを秘かに喜ばねばならぬはずであろう。ところが、この予測が単なる予測にすぎず、しかも同じような部族感情をもつ両方の側が同じような予測をするというまさにそのことによって、進軍ラッパが吹き鳴らされるのである。これは部族全体の名誉にかかわることであり、部族全体の自負と勇気を呼びさます。両方の側に英雄がおり、愛国者がいる。そして、戦いの原因は部族の一人一人にかかわっており、各人がその原因を理解し感じうるがゆえに、民族間の憎しみはいつ果てるともない激しい戦いとなるのである。このようにして、第二の同意語が生まれた。「私の仲間でなきものは、私に敵対する者である。」ラテン語の「ホスティス」[41]という語が本来そうであるように、*夷狄即憎むべき者、よそ者即敵ということになる。

* フォス(42)『ラテン語語源論』

ひきつづき第三の現象が現われる。それは完全な分離と隔絶である。誰がこのような敵、軽蔑すべき夷狄と事をともにすることを欲するであろうか。父祖伝来の風習も、同族意識も、ともにすることを欲しない。なかでも言語は、彼らが最もともにすることを好まないものである。なぜなら、言語は本来、部族のしるし語であり、家の絆であり、伝授の道具であり、祖先のいさおしを歌う英雄詩であり、墓のなかから聞こえる祖先の声だからである。それゆえ、言語は同一のものであり続けることはできない。かくして、同一の言語をつくったその同じ部族感情が、それが民族相互の憎しみとなったとき、しばしば、異なる言語、完全に異なる言語を生みだしたのである。「彼は夷狄である。ゆえに、彼は異種の言語を話す。」これこそ、第三のごく一般的な同意語である。

これらの言葉の語源がどんなに間違って見えようとも、この問題に関して、すべての小民族と言語の歴史はその完全な正しさを証明している。語源の断絶も観念の上で勝手に抽象されたものにすぎず、歴史的にみれば、絶縁していない。非常に身近な関係にありながら異種の言語を用いる連中同士は、同時に互いに不倶戴天の敵同士なのである。しかも、けっしてそれは掠奪欲や貪欲によるためではない。なぜなら、彼らはたいていは掠奪せず、単に殺戮破壊を事とし、祖先の霊に犠牲を捧げるにすぎぬからである。祖先の霊は神であり、たとえばオシアンの歌[43]に見られるように、血なまぐさい叙事詩全体の唯一の目に見えぬ動力である。祖先の霊こそ、夢のなかに現われて首領を呼びさまし元気づけるものであり、また、首領はこの祖先の霊のために幾夜かを眠らずにすごすのである。祖先の霊は、首領の供の者たちが誓いや歌のなかでその名を口にするものである。捕虜たちをあらゆる拷問にかけるのも祖先の霊のためであり、また逆に、拷問にかけられた捕虜が彼の部族の歌と末期の歌を口にしながら力づけられるのも、祖先の霊である。それゆえ、恒常化した部族間の憎しみは彼らの戦いの原因であり、たいていは家族位の大きさにすぎない小民族に彼らを分裂させてしまうねたみの原因であり、またおそらくは、彼らの習慣や言語の完全な相違の原因でもあろう。

言語の分裂に関する近東のある古い記録*（これを民族史の考古学のための一つの文学的断章と私は考えているのであるが）はきわめて詩的な物語によって、世界中の非常に多くの国民が彼らの実例によって実証している事実を裏付けている。言語は、学者がその多様化を民族移動に帰しているような具合に、徐徐に変わっていったのではなかった。その物語は次のように述べている。「諸民族が一つの大事業のために協力していた。その時、彼らを言語の混乱と多様さの渦が襲い、そのため彼らは仕事を放棄し、離散していった。」[44]これこそ、まさにそのような大事業によってひき起こされ、燎原の火のようにひろがった憤激と軋轢にほかならなかった。この時、おそらくは些細な事柄で傷つけられていた部族感情が目ざめたのであった。盟約と計画は瓦解し、不和の火花は燃えあがって焔となり、人々は四散し、彼らがその事業によってあらかじめ防ごうとしたそのことを、今はそれだけ一層激しくおこなうことになった。要するに、彼らは彼らの同族性のあかしである彼らの言語を混乱させたのである。このようにして、さまざまな民族が生まれた。そして後世の報告は述べている。「それゆえ、その廃墟は今なお民族の混乱と呼ばれている」[45]と。近東人の精神を彼らのしばしば持ってまわった言い回しと奇異な物語のなかに認めるものなら（ここで私は神学者たちに対してもっと高次な解釈の企てを締めだそうとするつもりはない）、ここで具体化されている次のような主題を見誤ることはおそらくないであろう。すなわち、一つの共同の大きな企てに関しての意見の不一致が、かくも多くの言語の成立の原因となったのであって、単に民族移動だけがその原因ではなかったのである。

＊ 創世記　第一一章

この近東の証言（やはり私はここでこれを単に文学として引用しようと思ったのであるが）の信憑性はさておき、「言語の多様性は、人間による言語の自然な形成発展にとって、なんら反証となるものではない」ことが明らかであろう。なるほど時としては地震によって山ができることもあるだろうが、しかし、だからといって、山・河・海をもつ地球全体の形状が水の力でつくられたことなどありえないと結論できるだろうか。もちろん、まさしくこの証言によって、語源学者や民族学者に慎重さという有効な口止めがなされ、彼らが言語の類似性からその起源をあまりにも強引に結論しなくなることだけは確かであろう。ある部族同士がきわめて近い血縁関係にありながらも、家紋の類似を隠さねばならない理由があったということもありうるのである。それらの小民族の精神がそう考えるための十分な根拠を与えている。

第四章

第四の自然法則

「人類はおそらく、一つの大きな家族として同一の起源をもった漸進的全体を構成しているのであろうが、すべての言語もまたそうであり、従って文化全体のつながりも同様である。」

一人の人間を支配している次のような風変りな特色ある天の配剤が認められている。すなわち、人間の魂は、現在見ているものをかつて見たものと常に結びあわせる習慣をもっている。それゆえ、意識性を通じて「諸状況の漸進的合一」が成立し、このようにして「言語の持続的形成」がおこなわれるのである。

一つの家族を支配している次のような風変りな特色ある天の配剤が認められている。すなわち、「伝授という連鎖によって、親と子は一つになる。」それゆえ、家族の各構成員が生まれながらにして二つの他の世代の間に挿入されているのは、親から受けつぎ、それをまた子に伝達するためにほかならない。このようにして「言語の持続的形成」がおこなわれるのである。最後に、この風変りな天の配剤は、全人類にも及んでいる。それによって、上述の二つの持続的形成から直接的に生じてくる「最高の意味における言語の持続的形成」が成立するのである。

人間はそれぞれ個体であり、伝授によって教育される。従って彼は人生の続く限り絶えず考え続けている。息子や娘はそれぞれ個体であり、従って各個人は常に彼の祖先がたくわえた思考の一部を幼年期にもらいうけ、それを彼独自のやり方でさらに後世に伝えるだろう。それゆえ、後世に殆ど無限にまで達しないような思想・発明・改善は、いわばどこにも存在しない。私のいかなる行為も思考もおのずと私の測り知れない全存在に影響を与えるのと同じように、私にしろ、他のいかなる人間にしろ、われわれのなす行為や思考の一つ一つが、同世代の人類全体および後世の人類全体に対しても影響を及ぼすのである。一つ一つの事象がたてる波が大きかろうと小さかろうと、そのそれぞれが個人の心の状態を変え、その結果、それらの諸状態の全体を変えるばかりでなく、常に他の人々にも影響を及ぼし、遂には他人の心の内をも変えてしまう。このようにして、人類最初の人間の心に浮んだ最初の考えは、人類最後の人間の心に浮ぶ最後の考えとつながっているのである。

蜜蜂にとって蜜をつくることが生まれつきのものであるのと同じような具合に、もし言語が人間にとって生得のものであるとすれば、言語という最大の華麗な殿堂もたちまちにして崩壊してしまうだろう。その時には人間は各個人がそれぞれわずかばかりの言語しかもって生まれてこないことになるし、あるいは、この生まれつきもっていることは、やはり理性なるものからみれば、そのわずかな言語をすぐさま考えだすことを意味するので、それぞれの人間はなんと哀れな個体となってしまうことか。各人はその中途半端なものを考えだし、それが完成しないうちに死んでしまい、中途半端のまま墓場へもち去ってしまう。それは、ちょうど蜜蜂たちが死ぬと、彼らの巣をつくる技術を再び墓のなかへもちこむのと同じ具合である。次の世代がやって来て、同じように中途半端で苦労し、祖先と同じ位ないし祖先ほども進まぬうちに死んでいく。このような状態が無限に繰返される。何も考えださない動物を支配する配剤は、考えだすことが必要な人間にはどうもそのまま適用できないらしい。さもなければ、人間を支配する配剤は天の配剤とは言えなくなってしまう。なぜなら、各自がそれぞれ自分一人だけのために発明するのであれば、無益な努力は無限に倍加されることになり、発明の能力をもつ悟性は、前進するというその最大の価値を失うことになるからである。

ところで、私が上述のような天の配剤を認める限り、この世代の連鎖のどこかで行きどまってしまい、言語の根源にまで遡及しないでよいというどんな理由があるだろうか。私がこの世に生まれるとすぐ、私の一族の伝授の流れのなかに組みこまれざるをえなかったとすれば、私の父や私の最初の祖先の最初の息子もまた同様であった。私が自分の考えを周囲や子供たちに伝え広めていくように、私の父も父の祖先も、世のすべての父親たちの最初の父祖もそうしたのである。この連鎖はどこまでも遡っていって、ようやくただ一人の始祖の所で行きどまる。このようにして、われわれ人類はみなこの始祖の子孫であり、彼から種族が始まり、伝授と言語が始まったのである。考えだすことを始めたのは彼であった。われわれはみな彼にならって考えだし、つくりだし、つくりそこなったのである。人間の心に浮んだどんな考えも失われなかった。しかし、人間というこの種族のもつどんな熟達さも、動物の場合のように、けっしていきなり完全な形で存在したのではなかった。種族全体の配合に従ってそれは絶えず発展し、進捗してきたものであった。蜜房づくりの能力のようにすでに出来上っていたものは何一つなく、一切は考えだされ、作用し続け、向上してきたのであった。このような見地からすれば、言語はなんと発展しゆくものであることだろう。言語はいわば人間の思考の宝庫であり、各人が各自の能力に応じてそれぞれ寄与してきたものであった。すなわち、

「言語はすべての人間の魂の働きの総額だったのである。」

この点に関して、人間を地域別にとらえがちな例の前述の一派(46)は、次のような異論をさしはさむであろう。人間のこうした連鎖はせいぜいのところそれぞれの地域の始祖にまで遡ることができるにすぎず、その始祖からそれぞれの種族およびその種族固有の地域語が生まれたのであると。* しかし、なぜ単にその地域の始祖までしか遡ってはならないのか、私にはその理由がわからない。なぜこれら各地域の始祖たちは、さらにその祖先として相互に共通な一人の人類の父祖をもたなかったはずがあろうか。というのも、各種族に見られる継続的な類似から判断して当然そう考えざるをえないからである。「とんでもない。それでは、弱くみすぼらしい一組の男女を地上の一隅において危険にさらすこ

とが賢明であったかのようではないか。」こうした非難をわれわれは耳にするであろう。それならば、まるで幾組ものそのようにか弱い男女を地球上のあちこちにおき、十倍ものひどい危険にさらすことの方がもっと賢明だったかのような言いぐさではないか。そのような不注意な無謀さは地上の至る所で同じであるばかりでなく、そうしたケースの数をふやすごとに、それは無限に増大する。どこか地球上で最も良い最も快適な風土のなかにおかれた一組の男女、すなわち、四季の推移が彼らの裸の肌に殆ど苦痛を与えず、豊かな大地が彼らの未熟さからくる数数の欲求におのずと役立つような場所、彼らの技術の幼稚さを助けるために、いわば一切が仕事場におけるように手近にあるそうした土地におかれた一組の男女は、ラップランドやグリーンランドのあのきわめて陰鬱な空の下で、むきだしの凍った自然のこの上ない貧しさにとり囲まれ、欠乏と飢えのために一層残忍になっている動物たちの脅威にさらされ、従って無限に多くの不便にさらされている他のあらゆる地方動物的人間よりも、一層賢明に保護されてはいないだろうか。従って原初の地球上の人間の数が増加すればするほど、種族保存の確率は低くなるのである。ところで、その一組の男女は、その恵まれた風土のなかでいつまで二人きりでいられることだろうか。ほどなく彼らは家族となり、部族となる。そしてそれが今や民族として広がり、他の土地へ、しかもすでに民族としてやって来るとすれば、その方がはるかに賢明な考え方であり、また、人間たちにとってもはるかに安全であることとか。人数が多くなり、体躯も鍛えられ、経験も豊かになり、それればかりか、祖先たちの豊富な経験の一切をも受けついで、魂は何層倍も強められていることか。今や彼らは、ほどなくその新しい土地に完全に適応する能力もそなえている。彼らはその風土に住む動物と同じように、やがては独自の生活様式・思考様式・言語をそなえた土着民となる。しかし、まさしくこのことは、一つの中心点から自己をすべてへと形成しうる人間精神の自然な歩みを証明していないだろうか。重要なのは単に数が多いということではけっしてなく、その数の内容の妥当性と漸進性である。すなわち、か弱い人間の数ではなくて、彼らが発揮する力である。そして、この力はまさしく最も単純な関係のなかで最も強く作用するので、全人類を包括するのは、同じ一つの結合点から発する血縁の絆にほかならないのである。

＊『歴史哲学』その他

たとえば、動物の種というように、そう呼ばれるに値するような新しい種類の人間についての正統な資料はまだなんら発見されていないとか、地球上に人間が次第に間断なく広まっていったらしいということがまさに土着の地方動物ではなかったことを証明しているとか、文化や類似の習慣の関連もごく曖昧であるがそのことを示しているなどという、人類同一起源説に関する他の理由づけにはこれ以上立ち入らないで、私は言語の問題だけにとどまることにしよう。人間が民族動物であり、そのそれぞれが他の民族動物とは無関係に独力で自分の言語をつくりだしたのだとすれば、その言語はおそらく土星人と地球人との間に見られるほどの相違をもつにちがいないであろう。ところが、「人類の場合、すべては明らかに同一の基盤でおこなわれているのである。」同一の基盤というのは、単にその形式に関してだけではなく、実際に人間精神の発展過程に関してもそうなのである。なぜなら地球上のすべての民族において、文法は殆ど同じ性質の構造をもっているからである。しかし、中国語だけが、私の知る限り、それをあえて例外であると言ってよい唯一の本質的な例外をなしている。そして、もし地球上に言語を創造する土着動物が多数存在したとしたら、非常に多くの中国語的文法やそれに類したものが存在するはずであろう。

非常に多くの民族が同一のアルファベットをもち、しかも、地球上には殆ど一つのアルファベットしか見られないということは、いったい、どういう訳であろうか。人間の意志によって生まれたことばの構成要素である音から、人間の意志にかなった記号を随意につくるという奇妙で無理な考えは、非常に唐突で厄介で奇妙であるので、どうしてこんなにも多くの民族が、みながみな揃いも揃って同じやり方で、このような突飛な同一の考えを思いついたのかは、確かに説明しがたいことであろう。諸民族すべてがもっと自然な記号である事物の形象などは無視して、気音を記号にあらわし、しかもこともあろうに、およそ考えうる限りの気音のうち同一の二十の気音を記号にあらわして、その他欠けているものをその二十音だけでなんとかやりくりしたということ、そしてその二十音に加えてこんなにも多くの民族が同一の随意な記号を選んだということ、この点から伝播という事実が証明されるのではないだろうか。近東諸語の文字は根源的には同一であり、ギリシア文字、ラテン文字、ルーネ文字(47)、ドイツ文字(48)などはそこから派生したものである。従ってドイツ文字はコプト文字(49)とも共通のところがあり、ホメロスの作品をアイルランド語からの翻訳だと断言する大胆なアイルランド人がいたほどである。(50) 多かれ少なかれ諸言語の根底に類縁性があることを、いったい、誰が完全に否定することができるだろうか。地球上にはただ一種類の人間族しか住んでいないので、地球上にある人間の言語もただ一つだけである。しかし、この大きな種族が数多くの小民族に分化したように、その言語もまた数多くの民族に分かれたのであった。

多くの人たちがこれらの諸民族の系統図を試みてきたが、私はそれをするつもりはない。なぜなら、どれほど多くの副次的原因がこの分化発展の過程に、また、この分化発展の特性に、語源学者も予測できず、彼のつくる系統図を不完全なものにしてしまうような変化をひき起こしてきたかもしれぬからである。その上、旅行記の作者や宣教師たちのなかには、諸民族語のもつ言霊や特殊な基盤について報告するだけの学識や意図のあった本格的な言語学者は非常に少数であったために、一般的にいって、ここでも錯誤に陥る危険が多いのである。なるほど彼らは語彙の目録を提供してくれるが、それは、その種の寄せ集めからわれわれが自分で判断せよということらしい。正式の言語推定の規則は実際にはとても微妙であるので、ごくわずかな人しか――いや、やはりこういうことはどれも私のやるべき仕事ではない。全体として、「言語は人類とともに根をおろし、発展し続ける」という自然法則は相変らず明白であると言えよう。この法則に関して、さまざまな局面を示す主要点だけを以下に述べることとしたい。

一、もちろん、人間は誰でも人類全体がもつすべての能力を兼ねそなえており、どの民族もすべての民族がもつ能力をもっている。しかしながら、集団の方が一人の人間よりも、また人類全体の方が個々の民族よりも多くの発明をなし、しかもそれは単に頭の数が多いためだけではなく、諸関係がそれだけ多様に複雑になっているからでもあるということは真実である。たとえば、さし迫った必要もなく、生活にもかなりの余裕のある一人きりの人間の方が、もっと多くの言葉を発明し、暇にまかせて精神力を働かせ、その結果、どんどん何か新しいものを考えだすようなこともありうるが、その逆もまた真実である。人間は社会との接触がなければいずれにせよ、必ず野生化し、自己中心的になって、自分の最も切実な欲求を満たすことを実現してしまえば、やがて無為に陥ってしまうであろう。彼はその根からもぎとられ、茎から折りとられて萎れる花のようなものである。彼を社会の一員にし、自分ひとりのためばかりでなく、他人の心配をもしなければならないように、幾つかの要求を課すならば、この新しい責任は彼から独立を奪い、苦労がふえて、発明する暇を奪うことになると考えられるかもしれない。しかし、事実は全く逆である。要求は彼を緊張させ、労苦は彼を目ざめさせ、忙しさは彼の精神を絶えず活発にする。要するに、彼がそうしたことをすること自体が不思議と思われるような状態になればなるほど、彼はますます多くのことをするようになるであろう。「従って言語の形成発展は、人間が一個人からすでに非常に複雑な関係にある部族の一員へと移っていくにつれて、一層増進する。」他のすべてのことは別としても、孤立した人間はたとえ言語学者といえども、まるで無人島にいるように、なんとわずかな言語しかつくりださないことであろう。それに反して、一族の父長、家族の長であれば、いかに多くたくましく創造することであろう。「従って言語のこうした形成発展の仕方が選ばれたのである。」

二、孤立した個々の部族は、多忙時や他部族との戦のときなどよりも、のんびりとした暇なときの方が一層言語を形成できると考えられるだろうが、しかしけっしてそうではない。他の部族と一戦を交えれば交えるほど、団結は一層強まり、郷土に根をおろし、父祖のいさおしを歌にうたい、激励とし、永遠の碑文に刻み、このような記念の言語をますます純粋に愛国的に保持するのである。「父祖の方言としての言語の形成発展は、ますます盛んに進展していく。従って、言語のこのような形成発展の仕方が選ばれているのである。」

三、しかし、やがてこの部族が小民族に成長したとき、それぞれの地域に定着する。民族は一定の欲求をもち、その言語もそれを表現するにふさわしいものとなる。すべてのいわゆる未開の小民族に見られる限りでは、民族はそれ以上に発展することはない。彼ら未開民族は、必要物を賦与されたまま、何世紀もの間、たとえば火を所有しない島民とか、ごく簡単な機械技術もない多くの民族のように、不思議なほど無知の状態のままでいることもある。それは、あたかも眼前に存在するものを見る眼をもたないかのようである。それゆえ、これら未開族に接したときの他民族の驚嘆の叫びは、まるで人間でない愚かな野蛮人に対するときのような調子であるが、実際にはわれわれもすべて、つい以前まではこれと全く同じ未開人だったのであり、われわれのもつ知識も他民族から得たものにすぎないのである。また、未開族の愚かさに接しての多くの学者の軽蔑の叫びは、まるでこれ以上不可解なものはないというような調子であるが、自然の経綸全体をわれわれ人類から類推してみれば、実際にはこの愚かさほど当然なものはないのである。ここに、「民族から民族への伝承」という新しい連鎖が結びつけられているのである。このように、技術・科学・文化・言語は、民族から民族へと継承されていくうちに次第に洗練されていったのであり、「これこそ、自然によって選ばれた形成発展の最もみごとな絆であった。」

もし異国文化の連鎖の波がこのようにつぎつぎとわれわれの身近にまで押しよせ、幾世紀にもわたってわれわれもともに加わるように強制しなかったなら、われわれドイツ人は、今でもアメリカインディアンのように、平穏にドイツの森林のなかで暮しているであろう。あるいはむしろ、そのなかでまだ粗暴な戦をしており、英雄時代さながらであるだろう。ローマ人はその文化をギリシアから取りいれ、ギリシア人はそれをアジアとエジプトから、エジプト人はアジアから、中国はおそらくエジプトから手に入れたのである。こうして文化の連鎖は最初の一つの環から発して、おそらく、いつかは全地球上に及ぶであろう。ギリシアの宮殿を建てた技術は、未開人においてすでに森小屋の建造に現われており、同様にメングス(51)とディートリヒ(52)の画法は、すでにごく大まかな基本において、ヘルマン(53)の赤く塗られた楯の上に輝いていた。自分の軍隊を前にしたエスキモー(54)は、すでに未来のデモステネス(55)

となるあらゆる萌芽をもっており、アマゾン流域のかの彫刻の巧みな民族*は、おそらく幾千もの未来のファイディアス[56]を蔵している。諸民族の時代や位置を互いにずらしてみれば、一切は、少なくとも温帯地域においては、古代世界におけるのと同様である。エジプト人、ギリシア人、ローマ人、そして近代諸民族はもっぱら文化の建設を事とし、他方、ペルシア人、蒙古人、ゴート人、そして坊主どもは侵入してきて瓦礫の山を築く[57]。そのような破壊のさなか、破壊の直後、すでにもうその瓦礫の上に、一層溌剌と建設が続けられていく。技術の一種の完成化の連鎖は、一切のものの上に及んで進行を続け(人間生来の他の諸特性はこれによって害を被るのであるが)、従ってまた、言語の上にも及んでいく。アラビア語は疑いもなく、一番始めの時期の祖語よりもはるかに洗練されている。われわれのドイツ語は疑いもなく、古代ケルト語[58]よりも洗練されている。ギリシア人たちの文法は近東語の文法よりもすぐれたものであり、また、そうなることが可能であった。なぜなら、ギリシア語文法は近東語の文法から生まれた子供だったからである。ラテン語文法はギリシア語文法よりも、さらにフランス語文法はラテン語文法よりも精緻なものとなることができた——巨人の肩の上にのった小人は、常に巨人自身よりも大きく見えるのは当然ではないか。

* ドゥ・ラ・コンダミーヌ[59]

今や一挙に、言語の秩序と美を論拠として言語の神的起源を説明することが、いかに偽りのものであるかが明らかとなってくる。言語には秩序と美が確かに認められる。しかし、そうした秩序と美は、いつの時代に、どのようにして、どこから生じてきたのであろうか。このように賛嘆されている言語は、いったい、発生期の当時そのままの言語であろうか。むしろ、幾世紀もの時間の経過と数多くの民族の手を経て生みだされたものではないのか。事実、言語というこの偉大な建造物は、もろもろの民族・地域・時代がその建設にたずさわったものなのである。そしてそのゆえにこそ、かの貧弱な小屋は建築術の起源ではないだろうか。人間がたぶん直ちにそのような宮殿を建設しえなかったであろうというだけの理由で、神が人間にそのような宮殿を建てることを、教えたのだといえるだろうか。——彼らの推論はなんたる推論であろうか。それはそもそも推論といえるだろうか。この二つの山の間に架けられたこの大きな橋がどんな構造をしているのか、私にはよくわからない。たぶん悪魔がそれを架けたのだとしか言いようがない。——言語が人類とともにあらゆる段階と変化を経て形成されてきたことを否定するには、なんと途方もない無謀さ、もしくは無知が必要であろう。なぜなら、このことは、すでに物語・文芸・雄弁術・文法によって証明されており、いや、たとえ一切が証明せずとも、理性が証明するからである。ところで、言語は永遠にそのように形成され続けてきたものであり、かつて形成され始めたことはなかったというのか。あるいは、終始人間によって形成されてきたものであり、従って理性は言語なしでは、言語は理性なしではすまされなかったのか。そして、もし始めがあり、しかも終始人間によって形成されてきたのだとすれば、言語の始めだけが別物だと言うのは唐突すぎはしないだろうか。しかも、われわれが最初に指摘したことであるが、その始めはなんの意味も根拠もなく別物だったというのか。どのような場合をとってみても、言語の起源を神におく仮説は底意のある狡猾な背理でしかない。

私は熟慮の末に発したこの酷な言葉を繰返す。「背理でしかない」と。そして、最後に私の意見をはっきりと申し述べることにしたい。言語神授説の言わんとするところは、結局のところ、次のようなことでしかない。

「私は人間の本性から言語を説明できない。それゆえ、それは神によって授けられたものである。」

この推論に果して意味があるだろうか。反対者は言う。

「私は人間の言語を人間の本性から、しかも完全に説明することができる」と。

いずれの言の方が説得力をもっているであろうか。前者は幕の背後に隠れて「ここに神がいる」と陰から叫んでいるのに対して、後者は舞台の上に姿を現わし、自ら演じて、「見よ。私は人間である」と訴えているのだ。

また、別の言語神授説の言うところは、「私は人間の言語を人間の本性からは説明できない。それゆえ、誰も全くそれを説明することはできない。人間の言語は全く説明不可能なものである」というものである。

この推論には首尾一貫性があるだろうか。反対者は言う。

「私には、言語の始めおよびその発展のいかなる段階においても、言語の基本要素で人間の魂から理解できないものはない。それどころか、もし私がそこに言語の根源を位置づけるのでなければ、人間の魂全体が私には説明不可能になる。もし人類が言語を形成し続けるのでなければ、全人類はもはや自然生物ではなくなる。」

いずれの意見が妥当であろうか。いずれが意味深いことを言っているだろうか。

あるいは、言語神授説の一つはついには次のようにすら言う。

「誰も言語を人間の魂からは理解できないだけでなく、言語の本質とさまざまな言語の類似からして、なぜ言語が人間には全く発明不可能であったかの理由が、私にははっきりわかっている。」

このように言えば、推論は確かに首尾一貫性を得ると言えよう。しかし、この場合も同様にそれははなはだしい背理となる。その推論の妥当性は、「神の予言者以外の誰がそのように書きえたであろうか」と反問するトルコ人たちのコーラン[60]神授説の証明と同程度の怪しげなものとなる。なぜなら、「神の予言者以外の誰がまた、神の予言者のみがそのように書くことができたことを知りうる のか」と問わざるをえないだろう。「ほかならぬ神のみが言語を発明することができたのだ」と神授説は言う。それならば、「ほかならぬ神のみが言語を発明することができたことを洞察できるのは、ほかならぬ神のみではないのか」と言わざるをえない。だとすれば、いったい、どのようなものが言語と人間の魂だけではなく、言語と神をも量りつくすという不遜なことができるであろうか。

言語神授説は、何一つ証拠となるものをもたない。神授説が依拠するところの近東の文書の典拠[61]すらも、この説の証明とはならない。なぜなら、この近東の文書は鳥獣の命名に関する物語を通して、明らかに言語が人間によって創始されたことを示しているからである。人間による言語創造説は一切をその証拠としており、反証となるものは全く何一つとしてもたない。それは、人間の魂の本質と言語の基本要素、諸民族の類似性と諸言語の発展の類似性、要するに、地球上のあらゆる民族・時代・地域という壮大な実例をその証拠としてもっている。

言語神授説は、どんなに信仰厚く見えようとも、けっして神意にかなったものではない。ことごとに、それは最も低俗な最も不完全な擬人化によって、神を矮小ならしめるものである。他方、人間に言語の起源を求める説は、神を最も偉大な光のなかで示すものである。すなわち、神の作品である人間の魂は、それが神の作品であり、人間の魂であるがゆえに、自力によって言語を創造し、創造し続けていくのである。人間の魂は一個の創造者として、神の本質の似姿として、理性のあらわれとしての言語を自らつくるのである。従って言語の起源は、それが人間に求められる限りにおいてのみ、神的なものと呼ぶにふさわしいものとなるのである。

言語神授説は何の役にも立たず、きわめて有害なものである。それは人間の魂の一切の働きを破壊し、何一つ説明せず、すべての心理学や学問を説明不可能なものにする。なぜなら、言語と同時に人間は知識の一切の種子を神から授けられたのであろうか。それゆえ、何一つ人間の魂から生まれたものではないというのか。それゆえ、一切の技術・学問・知識の始まりは、永遠に不可解なものなのだろうか。他方、人間による言語創造説は必ず未来への展望を伴い、また、学問のあらゆる領域、言語のあらゆる種類と言語についてのあらゆる報告に関して、最も実り豊かな説明を与えるものである。筆者はここで、そうした説明の若干を提供したのであり、さらに多くを提供することができる。

もし筆者が本論によって、どう見ても人間の精神にとっては霧のように曖昧模糊としたものであり、不名誉であり、そしてあまりにも長い間そうしたものとして存在してきた例の仮説を駆逐することができれば、筆者の欣快これにすぐるものはないであろう。筆者はまさにそのために、学士院の命ずるところに反して、なんらの仮説も提示しなかったのである。なぜなら、一つの仮説が他の仮説にすぐれようと、あるいは匹敵しようと、それは所詮、仮説にほかならぬからである。事実、仮説の形式をとるものは、ルソー(62)やコンディヤック(63)やその他の者たちのものであろうと、哲学的小説のようにみなされがちなのである。筆者はそれよりはむしろ、人間の魂、人間の生体組織、古代および未開のあらゆる言語の構造と人類の生態全体から、確実な資料を蒐集することに努め、筆者の命題を、確実な学問的真理にふさわしく証明することに努めたのである。従って筆者は、その命に従わないことによって、それに従った場合よりも、学士院の本意にかないえたものと信じている。

訳注

第I部

(1) Philoktetes ソフォクレスの悲劇『フィロクテーテス』の主人公。彼はトロヤ攻めのギリシア軍の勇将であったが、あるとき毒蛇に足を嚙まれ傷を負う。これがはなはだしい悪臭を放つようになる。また、フィロクテーテスが苦痛の発作のためにときどき大声を発し、祭祀の静寂を破るので、眠っている間に無人島に捨て去られる。彼はこの無人の境で九年の間、傷の痛みに呻吟する。

(2) 第I部訳注(63)参照。

(3) 『イーリアス』第八章一八四行以下で、ヘクトルが馬に話しかける場面がある。

(4) スカンディナヴィア北部とソ連邦領コラ半島に住む民族。その言語であるラップ語はウラル語族のうちではバルト・フィン諸語とかなり多くの類似点を有するが、北西シベリアのウラル語との間にも若干の共通の特徴を示している。

(5) プラトンの『パイドン』の中でソクラテスが話す、快楽と苦痛についての寓話を指している。ソクラテスは快楽と苦痛というものはまことに不思議な関係にあり、一方を追求して捕えると必ずもう一方を捕えるといってもよいと言い、もしイソップがこれに気付いていたら、神様は苦痛と快楽が争っているのを仲直りさせようと思われて、それができないのでそれらの頭を一つに結び付けられたという寓話をつくるだろうと言う。

(6) 言語の老年期を言う。解説二一三頁参照。

(7) トーマス・ショウ著『旅行記、あるいはバーバリおよびレヴァントのさまざまな地方に関する観察』(一七六五)を指す。トーマス・ショウ(Thomas Shaw, 1694-1751)は英国のアフリカ探険家で、一七二〇年アルジェリアの英国商館付きの牧師となってから十三年間エジプト、エルサレム、ヨルダン、テューニスなどに遠征した。前記の書物は『旅行記、あるいはバーバリ（モロッコ、アルジェリアなどアフリカ北部の地方のこと）およびレヴァント（地中海東部の地方のこと）の若干の部分に関する観察』（一七三八）の独訳と思われる。この本はすぐれた印刷の手本というべきもので、地図や図版や動物、植物、化石、貨幣、碑文のカタログ、それに詳しい索引がついている。

（8）アメリカインディアンの一部族。ヨーロッパ人が入って来たころは現在のニューヨーク州がある地帯に広く分布していた。家族内の権力は女子が握り、巨大な大家族家屋に住み、母処婚制、母系外トーテム氏族がおこなわれていた。

（9）Johann Peter Süßmilch（1707-67）ドイツの牧師で統計学者。ハレとイエナ大学で法学、医学、神学を学び、諸所で牧師を勤めた後ベルリンのペーター教会の牧師となり、一七四三年には学士院会員となった。統計学者としての主著に『人類の生活状況における神の秩序について』（一七四一）があり、人口統計の発展に画期的役割を果たした。言語の起源の論争に関しては、ドゥ・モーペルテュイやズルツァーとともにこの議論がベルリン学士院の関係者の間で活発になる端緒をつくった。

ここに挙げられているジュースミルヒの著書の完全な表題は『言語の起源は人間に発するものではなく、神のみに由来することの証明の試み』（一七六六）で、学士院会での講演を後に印刷したものである。

（10）Johann Heinrich Lambert（1728-77）はドイツの物理学者、天文学者、数学者でもあったが、認識論においてはヴォルフの合理主義とロックの経験主義の新たな綜合をめざし、カントの先駆者となった。

ここに言う『オルガノン』の完全な表題は『新オルガノン、あるいは真の研究と記述、ならびに真と誤謬および仮象との区別についての見解』（一七六四）であって、一、悟性の法則に関する学（Dianoiologie）、二、最も単純な基礎概念とそれらの結合、および真理の標識についての学（Alethiologie）、三、思想の記号に関する学（Semiotik）、四、仮象に関する学（Phänomenologie）、という四つの学を包括するものであった。

(11) アルゴンキーヌ族のインディアン。現在の合衆国メイン州の海岸部に居住していた。植民地時代に、ジェスイット教団とカプチン教団によってキリスト教化された。

(12) Sébastian Rasles（1658-1724）フランスのジェスイット会士で一六八九年カナダの伝道団に加えられ、その後現在メイン州のある地域に派遣され、そこでアブナキ族の言語を学び、三巻の貴重なアブナキ語の辞書を著わした。

(13) これはおそらく Pierre Joseph Chaumonot（1611-93）のことであろう。この人はフランスのジェスイット会士で、一六三九年にカナダに派遣され、ヒューロン族布教区とイロコイ族布教区の設立者の一人となった。ヘルダーは、当時未刊のショモノーのヒューロン語の文法についての知識をシャルルヴォア〔第I部訳注(25)参照〕の著書を通じて知ったものと思われる。

(14) ヒューロン湖畔に住むイロコイ＝ヒューロン語族のインディアンの部族。かつてはインディアン中最強の部族の一つだった。

(15) Garcilasso de la Vega（1495-1559）ペルーを侵略したスペイン人の一人。メキシコでコルテスの部下となっていたが、一五三四年同地を去ってペルーに行き、ピサロの軍に加わり、これがアルマグロを破るのに功があった。そこで、ピサロは一五四八年ヴェーガをクスコ総督に任じた。ヘルダーは、本文のヴェーガの見解をヴェーガの著『ペルーのインカの諸王の歴史』のボードワによる仏訳によって知った。

(16) Charles Marie de la Condamine（1701-74）フランスの測地学者、博物学者。初めアフリカとアジアの海岸部を探り、さまざまな報告をもたらしたが、一七三五年フランス学士院の委任でペルーの探険隊を指揮した。この探険は赤道上で経線を測定することを目的としたものであったが、この仕事の後で、ドゥ・ラ・コンダミーヌはアマゾン川を下ってギアナにおもむいた。彼が「アマゾン河畔の小民族」について述べているのは『南米内陸部旅行記概要』においてである。

(17) Simon de la Loufère (1642-1729) フランスの外交官。一六八七年より翌年にかけて、シャム駐在特命大使となり、『シャム王国記』(一六九一)を著わした。

(18) 現在ソ連邦構成共和国の一つエストニアの住民の八十パーセントを占める民族である。その言語であるエストニア語はウラル語族の東フィン語族の一つである。

(19) 第I部訳注(4)参照。

(20) ギリシア語では、語頭の母音が有気音(hの音を伴う場合)は記号(ʻ)を、無気音(hの音を伴わぬ単なる母音の場合)は記号(ʼ)を付ける。小文字ならば文字の真上に、大文字ならば左肩上に、複母音なら第二母音の上に付ける。

(21) Johann Georg Wachter (1673-1757) はドイツの言語学者で『ドイツ語源字典』の著者。

(22) Athanasius Kircher (1601-80) はドイツのジェスイット会士で、自然・人文の諸分野にわたってきわめて広い知識を有する学者。東方諸国の文物にも強い関心をもち、特に密教、魔術、秘密の文字の研究に熱中した。彼は多くの書物を出しているが、エジプトの言語、文字等に関するキルヒャーの所説は、当時すでに専門の学者からは一笑に付されていた。しかし一般には、東方の奇異な幻想と秘密に満ちた彼の書物は広く読まれ影響するところも大きかったのであり、現在ではマニエリスムの流れの中で大きな意味が認められている。ヘルダーがここで指しているのはキルヒャーの主著『エジプトのオイディプス』(一六五二—五五)である。

(23) Denis Diderot (1713-84) フランス啓蒙主義の代表者の一人。哲学、美学、文学論、演劇論、政治論、更に小説、戯曲の創作と多方面にわたって才筆を揮った。思想的には、ライプニッツ、スピノーザ、ロック、ドゥ・モーペルテュイの影響を受けたが、その立場は有神論から理神論へ、さらに物活論から唯物論へと移っていった。体系的思想家ではなく、その内的矛盾はしばしば指摘されるところであるが、固定した体系にとらわれず、逆説と機智を縦横に駆使して柔軟に対象に即して考えを進め、つぎつぎと新しい方向を切り開いていった。悲劇と喜劇の二区分にあきたらず「まじめな喜劇」の理論を提唱し、戯曲『私生児』などでこれを実現したことなどはその一例である。

ここでヘルダーが言っているのは、原注にあるようにディドロの『盲人についての書簡』に述べられていることであるが、『盲人についての書簡』は先天的な盲人の哲学的な談話や、「チェズルデンの盲人」〔第I部訳注（51）参照〕のことや、先天的な盲人でありながらケンブリッジ大学で数学と物理学を講じたソンダーソンという学者の言行をたねに得意の逆説を駆使して、感覚的知覚と認識の問題を展開する。ディドロはここで、美とか善とかいった観念さえも、触覚と聴覚のみで外界を捉える盲人の場合、視覚をも有する普通の人間とは異なるということを通じて、一切の観念はその源を感覚に有することを明らかにする。しかしながら、一切を感覚的印象に解消してしまうのではなく、感覚から独立した物の存在とその物の特性の客観的普遍的認識の可能性を主張する立場を取っている。

『盲人についての書簡』の中にある、死の床で牧師のあらゆる論証をみごとに説破して行くソンダーソンの言葉を読んだだけでも想像に難くないところであるが、この作品は当局の忌避に触れ、ディドロは一七九四年八月から十一月まで投獄された。

（24） Jean de Lery（1534-1613）牧師。ジュネーブに遁れたフランスの新教徒の一人で、ここで靴屋をしていたが、何人かのジュネーブの人と一緒にブラジルに旅行し十ヶ月滞在した。この旅行の見聞談が『ブラジルの地においてなされたる旅行の物語』であって、これはブラジルの自然とそこに住むトピナムブ族のことを記している。

(25) Pierre François Xavier de Charlevoix (1682-1761) フランスのジェスイット会士。一七二〇年から二二年にかけて、学術使節としてカナダに派遣された。その著書に『サン・ドミング史』(一七三〇)、『近代フランス語の歴史と概説』(一七四四)がある。ヘルダーの指しているのは後者の中の記述である。

(26) Etienne Bonnot de Condillac (1715-80) ロックの経験主義から出発しながら、ロックが感覚的表象とは区別した「反省」(réflection) による表象をも感覚から導き出すことによって、認識の源として感覚だけを認めるという方向に経験主義をおし進め、近代の感覚主義の開祖となった。言語に関しては『人間認識起源論』(一七四六)で論じている他に『数理の言語』(遺稿、一七九八年出版の著作集に収録)がある。コンディヤックにおいても、認識理性と言語の結びつきは不可分と考えられている。コンディヤックは「反省」の否定の根拠をほかならぬ言語と理性の結び付きに見ているのである。すなわち、観念という独自な内容を理解するためには、何も「反省」という特別な理性の能力に源を求める必要はなく、記号と名称をつくり出し、これを操作する能力を認めさえすればよいというのがコンディヤックの考えである。コンディヤックは「反省」を「記号創造・操作能力」によって置き換えることによって、感覚主義を生み出したとも言える。

(27) Jean-Jacques Rousseau (1712-78) フランスの哲学者、作家。ジュネーブに生まれてフランスで活躍した。フランス啓蒙主義を代表する一人であり、同時に、人間の自然の感情を重視する点で偏狭な合理主義的思考を超えている。当時の貴族社会に順応することができなかったルソーは、長い放浪生活のうちに次第に社会批判の思想家として成長した。一七五〇年度のディジョン学士院の懸賞論文である『学問芸術論』(一七五〇)で、学問芸術の発展と文明の進歩とが人間の腐敗・堕落をもたらしたと主張し、当時のフランス社会を批判して以来、『人間不平等起源論』(一七五四)、『新エロイーズ』(一七六一）、『社会契約論』（一七六二）、『エミール』（一七六二）などで、フランス絶対主義に対する鋭い批判を展開し、国家を人民の契約によって成立するものとして社会の改革を主張、さらに、個人の自由な自己形成を中心とした近代的教育論を展開している。彼の政治理論がフランス革命やその後の近代政治運動に与えた影響は大きく、また文学の領域においても、ロマン主義の先駆者のひとりとしてヨーロッパ文学史上重要な役割を果たしている。

ヘルダーがこの論文の中でルソーに言及している箇所は、いずれも直接的には彼の『人間不平等起源論』に関係している。一七五三年に、ディジョンの学士院が再び、「人々の間における不平等の起源は何か。それは自然法によって正当化されるかどうか」という論題で懸賞論文を募集し、それに応じて書かれたものがこの『人間不平等起源論』であるが、これはルソーの著作のうちでも最も大胆に社会を批判したものである。彼は、社会が人間に加えて人間を堕落させた一切のものをはぎとった、自然のままの人間の状態を想定する。これはホッブズなどに見られる従来の自然法的な考えに基づく自然状態ではなくて、人間が社会的な要素に妨げられずに完全に自由と平等を享受できる人間のいわば理想的な状態のことで、従って観念的なものである。しかしルソーはこれを純粋に抽象概念としてつくり上げたのではなく、十七世紀以来の旅行者や海外布教に出かけた神父たちの報告に見られる未開人の生活からイメージをまとめたのであった。ルソーはこの理想としての自然状態を根本的な価値基準として定立し、それに基づいて当時の社会生活を痛烈に批判したのであった。ルソーはこの論文の中で言語の起源についても言及し、コンディヤックの説に同調しているようであるが、コンディヤックが言語は家庭内での親と子の間の交渉から生まれたとしている根本的な一点に同意することができない。なぜなら、結局それは言語の発生以前にすでに一種の社会が確立していることになるからであり、先に述べたような自然状態と矛盾するからである。人間が孤立して生活している自然状態では、言語の必要は認められない。従ってルソーは、「言語がもし必要なものだとすれば」という仮定のもとで言語の起源を論じなければならなくなり、結局、言語が先か、社会が先か、という重要な問題に行きづまり、論の展開を途中で断念してしまっている。ルソーには別に『言語起源論』があるが、出版されたのが一七八一年になってからであり、ヘルダーはこの論文を書いた時点ではまだそれを知らない。

(28) ルソーは人間が言語を必要としない自然状態から、言語を必要とする社会生活へと移行する原因を偶然的なものに求めており、ここでのヘルダーの批判はある程度まで正しいと言える。『人間不平等起源論』参照。

(29) これは『人間が自己の有する観念を表現するに用いたさまざまな手段についての論究』(一七五六)のことである。

ドゥ・モーペルテュイ (Pierre Louis Moreau de Maupertuis, 1698-1759) はフランスの物理学者、数学者であったが、プロシャのフリードリッヒ大王に招かれ、一七四六年以来ベルリン学士院総裁を務めた。言語に関しては『言語の起源と言葉の意味に関する哲学的省察』(一七五六)がある。ここでモーペルテュイは、言葉が錯雑な感性的表象群に対してわずかばかりの記号しか持ち合せていない原始的段階から説き起して、言葉がこの表象群の諸部分を自覚的に比較し区別することを次第に進めて行って、名称と語形と品詞の貯えを徐徐に豊かにして行く過程を示そうと試みている。彼の言語に関する論究はベルリン学士院関係者の言語起源論争の一つの動因となった。

(30) Diodoros Siculus シーザーからアウグストゥスにかけての時代のギリシアの歴史家で、万国史である『歴史全書』を著わしている。ここで問題になっているのは同書の第一巻第二章に述べられていることである。

(31) Vitruvius Pollio ディオドロスとほぼ同じ時代のローマの建築家で、その著『建築論』は有名である。これは自らの研究と高名なギリシアの建築家の理論書に基づいて書かれたもので十巻よりなる。ここで問題になっているのは、その第二巻第一章に書かれていることである。

(32) 完全な書名は『動物の衝動、特にその造形衝動についての一般的考察』(一七六〇)

ライマルス (Hermann Samuel Reimarus, 1694-1768) はライプニッツ=ヴォルフ学派の哲学者であるが、予定調和説を取らず、物と物、肉体と魂の相互作用説を取る。理神論の立場に立って「自然な」理性宗教を擁護し、既成の啓示宗教の奇蹟信仰を攻撃し、聖書を鋭く批判した。彼の未発表の原稿『理性的敬神家のための弁明の書』(一七六七)の一部をレッシングが『作者不明の断章』として発表し、これが正統ルター派の神学者ゲッツ牧師との論争のきっかけとなったことは有名である。

(33) レッシングの『最近のドイツ文学に関する文学書簡』(一七五九―六五) 第百三十および第百三十一書簡を指している。

(34) エゲリアは古代イタリアの出産と泉の神で、その夫であるローマの二代目の王ヌマ・ポンピリウスを賢明な助言で助けたと言う。

(35) ローマの女神であるが、ギリシアの神アテネと同一視されるようになった。ゼウスの娘で、知恵、学芸、芸術の神であるが、また糸つむぎ、機織等の巧みな手工芸の神でもある。ここでは後者との関連で言われている。

(36) いわゆるライプニッツ=ヴォルフ学派を指すと思われる。〔第I部訳注 (43) 参照〕。

(37) ロック (John Locke, 1632-1704) は認識論上の経験主義の祖であって、一切の生得観念、生得原理というものを否定し、生来は白紙の如き意識に外的経験と「反省」(reflection) による内的経験が意識内容である観念をもたらしたとした。彼の哲学は英国ではバークレー、ヒュームによっておし進められ、フランスではコンディヤックによって感覚主義に発展するが、ドイツではライプニッツ=ヴォルフ学派の合理主義哲学が対抗力として働いたので、ロックの哲学のドイツ的発展というものは殆ど見られなかった。

(38) Edward Search はエイブラハム・タッカー(Abraham Tucker, 1705-74) の変名である。イギリスの哲学者で、著書に『自然の光』七巻(一七六八—七八)がある。彼は、自分を満足させることがすべての人の行為の究極の目的であり、それはまた神の意志を通じて普遍的善に結び付くものであると考えていた。

(39) 不詳。

(40) ヘルダーは、はじめは理性を持たぬ全く感性的な生きものであった人間に、あとから理性が与えられたというような考えはしりぞけ、人間は人間としてある最初の段階ですでに理性を持っていなくてはならないと考える。しかし「理性」という語を用いたのでは、ヘルダーの考えるような人間の本性の仕組み全体が単なる理性のさまざまな能力と混同される恐れがある。また「理性」というと、感性から独立した抽象的思考能力のように考えられるのが普通である。そこでヘルダーは「意識性」(Besonnenheit)という語を用いているのである。「意識性」は人間の本性であるが、これに対して自覚的な理性の働きは「意識作用」(Besinnung)と呼ばれている。「意識性」という概念は、ライプニッツ〔第Ⅰ部訳注(63)参照〕のapperceptionという概念に由来すると考えられる。人間は単に受動的に外界を映しあるいは表象する働き(perception)を有するだけでなく、一つの表象に注意を向けて意識の中に取り上げ、その内容を自覚的に捉えて、錯雑な表象群に自覚的統一をもたらす力を持っている。このような自覚的な perception をライプニッツは apperception と呼ぶ。ヘルダーが本文三七—三八頁で述べていることはまさにapperceptionの働きに対応するものである。すなわち、押しよせるさまざまな像の流れの中から一つの像を取ってこれに自覚的に注意を注ぎ、一つのものを他のものと区別する特性をはっきり認知することができるとき、意識性は示されるのである。意識性のこのような能動的統一的な働きがあってはじめて、時間的間隔を置いて同一内容のものに出会ったときこれを同一のものとして認識することができるのである。

(41) この論文の表題は『知覚とそのわれわれの判断に及ぼす影響について』であり、執筆者はズルツァー(Johann Georg Sulzer, 1720-79)であった。彼はベルリン大学の教授でヴォルフ学派に属していたが、心理学と美学においては独自な思想を展開した。ズルツァーはベルリン学士院で発表した諸論文で幾度も理性と言語の相互影響について論じている。彼は認識と記号の関係を微分法と微分法発見以前のすぐれた測量家達との関係を例にとって論じ、これら測量家達が持っていた知識がもしも微分法と結び付いていたなら数学上の大発見を生んでいただろうとして、知識は理念を明確に表現するに必要な記号を持たない限り、普遍的認識に達し得ないことを説いている。こうしてズルツァーは認識と記号の関係において言語を考えたのであるが、具体的問題になると、言語の発生についての心理的問題に逆行してしまったし、彼の語源研究にいたっては全く素朴そのものであった。しかし彼が言語研究において開いた方向はベルリン学士院関係者の間に言語起源論争を燃え上らせる一つの大きな因となったのである。

(42) ヘルダーは感情の叫びからただそれだけで言語が生まれたという考えを認め難いものとする。言語が形成されるためには、感性的な状態においてすでに「意識性」のモメントが働いていることが必要である。第I部訳注(40)で述べたように、意識性によってはじめて人間は同一内容のものを同一なりと認知することが出来る。かくして一つの像は体験の一般的脈絡の中に組みこまれ、意識的能動的な統一が生まれる。しかし認知という行為のためには認知の目じるしとなるものが必要である。これが意識性の「しるし」であり、それが「内的なしるし語」である。すなわちヘルダーは、多くのフランス啓蒙主義の哲学者達のようにコミュニケーションの媒体としての言語を発生源に考えず、認識の内的言語を根源的と考えたのである。

(43) Christian Wolff (1679-1754) ドイツの哲学者。創造的な精神の持主ではなかったが、有能で包括的な徹底した思索家で、ドイツ語の哲学用語の大部分を初めてつくり、論理的体系的な哲学的思索の骨組を樹立しただけでなく、新しい定義、系統的分類、概念、理念を導入した。カントはヴォルフを「合理主義の教条主義」の最も強力な代表者と呼んだ。ヴォルフの哲学はライプニッツの哲学を体系化し、ある点では変形したものを根幹としている。これがいわゆる「ライプニッツ＝ヴォルフ哲学」であって、多くの信奉者を見出し、当時、ドイツの大学の哲学教授の席は殆どこの派によって占められるほどの勢力を有した。こうした形でライプニッツの哲学はきわめて広範囲に普及したが、一方でははなはだしく希薄化されたことも否めない。

(44) ルソーが『人間不平等起源論』の中で想定した自然人のこと。社会を形成する前の孤立した個人の状態にあって、動物にまじって森の中へ散り、互いに相手を必要とせず、言葉も持たず、住居もなく暮らしていた人間。ルソーは社会生活を営むことによって堕落する以前の人間の理想的状態をこの自然人に見ている。第I部訳注(27)参照。

(45) ルソーが『人間不平等起源論』の中で描き出している人間の自然状態・自然人の生活を、彼自身が、「もはや存在せず、おそらく全く存在したことのない、将来もけっして存在しないような状態」と、述べている。

(46) ルソーは『人間不平等起源論』の中で、人間を動物から区別するものとして、本能によらず自由な動因から自由に行動する能力、すなわち理性能力と、環境の助けを借りて自己を限りなく完成させていく能力、すなわち完成能力を挙げている。彼の言う自然人は、これらの能力を潜在的な能力として所有している。

(47) このあたりに書かれていることは、ライプニッツの『人間悟性新論』の言語の問題を取扱っている第三部の第一章第一、二節に述べられていることに関係している。

（48） アリストテレス『霊魂について』四一二aの二四—四一二bの二〇参照。

（49） ホラティウス『諷刺詩』の第一部第三章一〇三—四行。しかし、「かくして」（sic）のところは現行の定本では「ついに」（donec）となっているようである。九九行からここまでの大意は次のようである。「昔、原始の大地より生きもの、もの言わぬおぞましき群獣の如、這出ししとき、人は木の実とねぐらを得んため爪と拳もて戦い、やがて棍棒はては必要の鍛えし武器もて戦いしが、ついに音声と感情を……」

（50） 人間に火を与えるために天上から火を盗み出したプロメテウスの神話に因んで、人間を人間にしたモメントのアレゴリーとして使われている。

（51） チェズルデン（William Cheselden, 1688-1752）は英国の外科医であるが、ある種の盲目を「人工瞳孔」をつくる手術で治療することに成功した。こうして開眼した人の経験に関するチェズルデンの報告は、当時の多くの哲学者に深刻な印象を与えた。それはこの報告が十八世紀の認識論およびそれと不可分な関係にあった心理学の中心的な問題の一つにかかわるものだったからである。その問題は、最初の提出者モリノ（William Molyneux, 1656-98）に因んで「モリノの問題」と呼ばれるものであるが、これは、生まれつきの盲人が手術で目が見えるようになったとき、これまで手探りだけで知っていた幾つかの異なった形の物体を、直ちに、視覚だけによって識別することができるだろうかというものである。この一見するとなんということもなさそうな問いが、実は知覚による認識の客観的真理性にかかわる重大な問題を含んでいた。モリノの問題を言いかえると、触覚を通じての経験によって意識がつくり上げた物の像と、視覚によって捉えられる物の像との間には内的必然的な結びつきが存在するのだろうかということである。これをさらにおし進めて行くと、問題は、そもそも感覚だけによって物体の形を認識することは可能なのか、それとも別に何か心の能力が必要なのだろうかというところにまで行きつくことになる。ギリシア以来の伝統的な考えが、物の形態は一つ一つの感覚では捉えることはできぬとして「共通感覚」(sensus communis)というものの存在を仮定したのに対して、ライプニッツは、このように感覚に形態の認識を帰するのは誤っており、純粋な理性の力に帰するべきものであると考え、従って触覚による像と視覚による像の間には論理的必然的な結びつきがあるとしたのである。

チェズルデンの報告が、手術で開眼した患者が物体を視覚の力だけで識別するためには時間をかけ骨を折って学習しなくてはならなかったということを明らかにしたとき、これはモリノの問題に実証的に答えるものと受取られた。すなわち触覚による像と視覚による像との間には何らの内的な結びつきはなく、両者は単に習慣によって結びつけられているにすぎないという結論がこの報告から引き出され、ライプニッツの合理主義哲学が考えていた感覚から全く独立した理性の認識能力というものはもはや認め難いものとなってしまったのである。しかし、モリノ＝チェズルデンの問題を自己の思索の中心に置いた思想家達はけっして一つの方向に向かっていったのではなく、例えば、コンディヤックは感覚主義の開祖となったのに対して、ディドロは感覚こそは認識の源泉であることを主張しながら、主観から独立した物の存在とその客観的認識の可能性を明確に認める方向を切り開いていったのである。

(52) 前述のチェズルデンの報告を指す。完全な表題は、ウイリアム・チェズルデン著『生まれつき盲目であったか、物を見た記憶がない程幼年に視力を失い、その後十三、四歳で手術で開眼した若い男性によってなされた若干の観察の記録』ロンドン王立学会会報、第三十五巻(一七二七)。

(53) ロバート・スミス(Robert Smith, 1689-1768)の著『光学大鑑』(一七三八)をアブラハム・ゴットヘルフ・ケストナー(Abraham Gotthelf Kästner, 1719-1800)が独訳した『ロバート・スミス氏の英文により、アブラハム・ゴットヘルフ・ケストナーの改正補足を加えた光学大鑑』を指している。

（54） Georges Louis Leclerc, Comte de Buffon（1707-88） フランスの博物学者、哲学者。パリの王立植物園長を務め、三十六巻に及びながらなお未完に終った『博物誌』を著わした。リンネの機械論的立場に対し、有機的微分子の仮説を立て、種の連続の主張によってダーウィンの先駆者といわれている。

（55） ディドロとダランベールにより編集された人間のすべての認識を、よく確かめられた事実を原理とする真の体系に統一して世に示し、もって人類の「一般的教育」に、精神の進歩に貢献しようとするものであり、まさに啓蒙主義の精神の集中的表現というべきものである。

（56） この論文はディドロの著作活動の初期に属するものであり、のちの大家ディドロをうかがわせるものは別に含んでいない。またヘルダーが言語の起源を人間に求めるための論証の中で持ちだしている「意識性」という主要概念は、ディドロの感覚主義とは無関係な、ヘルダー独自のものである。しかしヘルダーが自分の論証を支えるために、話している主体によってつぎつぎと記録されていく印象の同時性とか、品詞の順序の決定において身ぶり語が果たす役割などについて、ディドロのこの論文から着想を得ていることは明らかであると言われている。

（57） ローマの商業の神。

（58） オペラの仕掛けの雲。バロック演劇では好んで宙乗り仕掛け（Flugwerk）が用いられ、特に天使や神神の出現の場面で使用された。

（59） 第Ⅱ部訳注（61）参照。

（60） この箇所はおそらくベーコンの『学問の新機関（オルガノン）』（一六二〇）、もしくは、『学問の威厳と進歩について』（一六二三）からの引用と思われる。ベーコン（Francis Bacon, 1561-1626）はスコラ哲学の言葉による論証に対立して、物による論証の立場をおし進め、認識の基礎を経験と帰納に置き、近代の方法論上の経験主義の祖（認識論上の経験主義の祖はロック）となった。

(61) 古代ローマの火の女神ヴェスタに仕える処女神官。

(62)『現代ドイツ文学断章』の中で、ヘルダーは「古代人にあっては長い間、『歌う』と『話す』(αὐδάειν とこれにならってつくられたラテン語の canere) は一つのことであった」と書き、用例を挙げてこのことを証している(ズーファン版『ヘルダー全集』第二巻七二頁参照)。

(63) Gottfried Wilhelm Leibniz (1646-1716) 三十年戦争後の荒廃しきったドイツで、全ヨーロッパ的な基盤に立ちながらドイツの伝統にねざした思想を展開した大哲学者。彼はギリシア哲学とスコラ哲学を体得した後にコペルニクス、ケプラー、ガリレー等の近世の物理学の方法を深く認識し、またデカルト哲学を究め、古代、中世の哲学と近代の思想の綜合を成し遂げた。

ライプニッツは多方面にわたって該博な知識を有する綜合的な学者であり、めざすところは「普遍学」の樹立であったが、この壮大なプランの根幹となるのは「普遍的記号論」確立の企てであった。記号論は、すべての概念を分析していって到達するこれ以上分析不可能な単純概念を分類し、その結合や関係をあらわす記号を考え出し、この記号を自由に操作する方法を確立することをめざすものである。記号論はライプニッツ哲学の中心をなすものであるが、これは単なる論理操作の技術論にとどまるものでなく思惟そのものの記号性の認識に基づいているのであるが、これはさらに、存在するものの本質を記号性において見るという形而上学を底に持っているのである。単子の思想もこのような記号の形而上学から解することができるだろう。

ライプニッツは実体という概念を追求していってこれ以上分かたれぬもの、しかしアトムと異なりその内に無限を含み、「それ自身によって一であるもの」である単純者が真の実体であるという考えに達し、これを「単子」(monade) と名づけた。単子は互に他から完全に独立しており、他から作用を受けることはない。「単子には窓がない」と言われるゆえんである。しかしながら、他方において単子は、その一つ一つが全世界を映しており、世界の記号である。このように世界を表出することにより単子は無窓でありながら、すべてがすべてと結びつき、いわゆる「予定調和」が成立するのである。

ライプニッツの哲学はヘルダーの思想の形成にきわめて大きな役割を演じているが、ヘルダーの言語哲学においてもその基礎をなしている。ライプニッツはデカルトの哲学におけるような、動物には心を認めず、心と肉体を隔絶する二元論を排し、動物と人間の心の間に連続性を認めていることは、第I部訳注(40)に述べたヘルダーの「意識性」、同訳注(42)の「しるし語」で見たようなヘルダーの思想にとってきわめて重要である。すなわち、ライプニッツは動物にも表象能力を認め、記憶されている表象と外界から映す像との間に結合操作をおこなう能力を認める。しかし、これは認識とはあくまで異なったものである。認識は自覚的表象あるいは表象の自覚をまってはじめて成り立つものである。そして自覚的な心の働きは人間においてのみ見出されるものである。ところが、他方において、ライプニッツは人間においても、睡眠中や失神状態では単なる表象(perception)の状態にあると考える。すなわち、自覚的な心の働き(aperception)が現われないところでは人間の心は動物の心と同じ状態にあると考えるのである。ヘルダーは人間はそもそもの始めから「意識性」を持っていたとして、そこに言語の源を求めたが、このような思想はデカルト的合理主義の二元論のように人間と動物、心と肉体、理性と感性を隔絶する立場からは生まれ得ないし、また一切を感覚に解消し、自覚的な理性の働きを認めぬ感覚主義からも不可能である。ヘルダーの言語哲学は動物と人間、感性と理性の間に連続を見ながら、自覚の独自な働きを明確に定式化するライプニッツの哲学に学んではじめて生まれ得たと言っても過言ではないであろう。

なお、ここの本文にあるライプニッツの音楽の音による言葉の考えというのは『人間悟性新論』第三部

第一章第一節でライプニッツの思想を代弁するテオフィルスが、ロックの思想を語るフィラレーテスに語る言葉の中に「例えば楽音を、話すという目的に使うことができるとすれば、音節化された音を使わなくても話すことはできる。つまり口で出す音を理解させることはできるということをさらに考慮しなくてはならない」とあるのを指すと思われる。

(64) ペトラルカ（Francesco Petrarca, 1304-74）はイタリアの大詩人。一三二七年聖金曜日（四月六日）アヴィニヨンの聖キャラ教会で美女ラウラ（Laura, ?-1348）に会った。彼女は人妻であった。ペトラルカが彼女のことをうたった『俗語断片集』はのちに『カンツォニエーレ』とよばれた傑作である。

(65) ジョーン・ブラウンの書の独訳『詩と音楽の根源・合一・力・成長・分離および滅亡に関する考察』を指す。

John Brown（1715-66）は英国の牧師、詩人、劇作家である。

(66) ホラティウス『諷刺詩』の第一部第四章第六十二行にある言葉である。ホラティウスは、この前のところで、詩をして詩たらしめているのは、韻律とリズムであることを説いており、大詩人エンニウスの詩の一行を取って、この詩行の言葉の位置を変え、韻律とリズムを奪って散文にしてしまえばここに「切りきざまれた詩人の手足」を見出しえないであろう、言いかえれば、この切りきざまれてしまった詩行からは大詩人の詩をうかがい知ることはできないだろうと言うのである。「切りきざまれた詩人の手足」という表現をホラティウスはポリュビウスに負うているらしい。ポリュビウスは、個別的な研究ばかりやっている者は、断片から物語の全体の筋の運びや連関を推測することができない。それはちょうど、一つの体のばらばらにされた手足だけを前にしている人が、体の全体が生きているときどんなに美しい姿をしていたかを、ばらばらの手足から証明することができないのと同様だと言っている。ヘルダーもここで、断片的なものを勝手に綴りあわせても全体は捉えられぬという意味で使っていると思われる。
(67) ライプニッツの『理性に基づく、自然と恩寵に関する原理』(最初一七一八年に雑誌に発表された)の第十三章を指している。
(68) Charles Bonnet (1720-93) フランスの哲学者で博物学者。本文に直接関係があるのは『心理学、あるいは心の働きについての試論』と『哲学的転生論、あるいは生きものの過去の状態と未来の状態に関する見解』で、これらの書ではコンディヤック派の立場を取りながらも独自な思想を示している。
(69) シェイクスピア『真夏の夜の夢』第一幕第一場一四九一一五一行。
(70) Alexander Pope (1688-1744) 英国擬古主義の統帥。三十年にわたって詩壇に君臨し、死後も五十年間一大勢力をなしていた。ボワロウの『詩法』にならって書いた『批評論』は擬古主義の憲法となった。独創の詩人ではなかったが、簡潔流暢で正確な表現法においては無類である。またローマ詩人よりホメロスを偉大とし、十二年を費やして、『イーリアス』と『オデュッセイア』を訳したことは注目すべきである。本文のこの箇所はポープの『人間論』の第一巻第一章第二百行を指しているが、この作品はライプニッツの『弁神論』に想を借りた書簡体の詩である。
(71) フランスのジェスイット会士カステル (Louis-Bertrand Castel, 1688-1757) は、聾者のために音のかわりに色彩が現われる「視覚クラブサン」というものを考えていたが、実現するにはいたらなかった。ディドロはこの考えに心をひかれ幾度も取り上げている。『不謹慎な宝石』では鍵盤を叩くとさまざまの色の光が出る楽器が出てくるし、『ダランベールの夢』では色彩のリボンが出るものが語られ、ソフィー・ヴォラン宛の手紙では「ピアノのパセティックな鍵の上を指が走るにつれて繰り出す小さなリボンを想像してごらんなさい」とある。
(72) ズルツァーは感覚を快感に力点を置いたものと、不快感に力点を置いたものとの混沌と混り合った表象と考え、これらの表象がわれわれ自身の状況に関係し、この状況の促進あるいは軽減を示していると考えた。かくしてズルツァーは感情を本当の明澄な観念と欲求との中間におく。ズルツァーについては第I部訳注（41）参照。

（73）当時ヘブライ語はエデンの園で話された神から与えられた言葉であるという考えが広くおこなわれていた。解説二一四頁参照。

（74）「近東的」は原文は asiatisch であるが、これは、紀元前三世紀頃ヘレニズム世界にあらわれたレトリックの新しい流れが Asianismus と呼ばれたことに由来すると思われる。アッティカに生まれた伝統的なレトリック Attizismus の古典主義に対して、小アジアに生まれたこの新しいレトリックはあっといわせる効果を狙い、誇張・多義性・言葉の遊び・技巧の勝った過度に飾り立てた表現などを特色とし、「ヨーロッパのマニエリスムの最初の形」（クルティウス）と言われる。

（75）不詳。

（76）ヴェネズエラと西インド諸島に住むインディアンの諸部族。きわめて好戦的で未開であった。スペイン人が西インド諸島発見のとき接触したのがはじめである。

（77）西パキスタンのインダスの支流バラン川流域と思われる。

（78）現在のソ連邦ラトヴィア社会主義共和国の住民の中心となっている民族。その言語であるレット語は印欧語族に属する東バルト語派の一つである。

（79）原文は、„ὁμοιούσιος und ὁμοιούσιος“ ニケアの宗教会議でアリウス派はキリストと父なる神は本質において同一であるとし、アタナシウス派は両者の本質は同質である（ὁμοιούσιος）として相争った。ここはそのことを暗に指していると思われる。

（80）Emanuel Swedenborg（1688-1772）は、厳密な研究者の才能と神秘的な接神論者の性格と幻視者の素質の混り合った特異な人物だった。接神論者としてのスウェーデンボルクは精霊界の存在を説き、これが人間とその生存中にすでに交流しており、幻視の中に現われるとした。カントは『招霊術師の夢』（一七六六）で、スウェーデンボルクの神秘学的思想を、無批判的に幻想にふける形而上学の警告すべき例として挙げているが、彼こそは「光明の世紀」の隠れた一面を代表する者の一人である。

（81）解説二一一―一二頁参照。

（82）Peter Browne（?-1735）のことであろう。この人はロックの反対者で、感覚主義に向かい、一切の表象は外的知覚から生まれるとし、われわれの霊的存在についても神の存在についてもアナロジーによってしか語り得ないと説いている。

（83）トゥピ＝ガラニ族のインディアンで、十五世紀に内陸部からアマゾン川下流の大西洋岸に移住してきた。植民地時代の初期にレリー等最初にこの地に旅行したフランス人がこの部族についての報告をおこなったが、この報告が十六世紀のフランスの文筆家（例えばモンテーニュ）に、この部族を「自然状態の未開人」とする考えを生み出させることについて力があった。

（84）不詳。

第Ⅱ部

（1）　コンディヤックやルソーの考え方を指していると思われる。第Ⅰ部訳注（26）、（27）参照。

（2）　第Ⅰ部訳注（54）参照。

（3）　プラトンが『国家編』第七巻でソクラテスに語らせている、人間という存在の性質を説明するために使用したたとえ。人間というものは深い洞窟の中で入口に背をむけ、動けないように足と首を鎖でつながれ、ただ事物の影しか見えない。そして、その影を事物そのものだと思いこんでいる。その人間が鎖を解かれ、真実の事物のある光の世界を見ることになると、目は痛み、はじめはかえって影の世界の方を真実だと思う。やがて彼は少しずつ太陽の意味を知るようになり、真実になれてくる。しかし、彼がもとの洞窟にもどり、他の人間の鎖を解いて真実の光へ導こうとしても、彼らは彼の言うことを信用せずに激しく怒り、彼を殺してしまうこともある、とソクラテスは語っている。

（4）　第Ⅰ部訳注（40）参照。

（5）　第Ⅰ部訳注（2）参照。

（6）　Carl von Linné（1707-78）スウェーデンの博物学者。『自然の体系』（一七三五）を著わし、生物分類法の基礎を確立した。すべての生物の分類上の単位は種であって、しかもこれは不変であるとし、その上に属、目、綱をおいて全生物の分類を試みた。彼の植物体系は、例えば雄しべの数というように、外面的特徴に基づいている。

（7）　第Ⅰ部訳注（9）参照。

（8）　Aristoteles（384-22 B.C.）古代ギリシアにおける最も偉大な哲学者　彼の『詩学』はヨーロッパ文学、特にルネッサンス以来の古典主義文学の創作上の規範とされた。その第二十章でアリストテレスは文要素を、字母・音節・接続詞・分離詞・名詞・動詞・格・言詞の八つの部分から成るとしている。

（9） 十五世紀から十六世紀にかけてのいわゆる「地理上の大発見時代」にひき続き、十七世紀になると、地理学上の調査に加わった人や旅行者、それに外地布教に出かけた宣教師たちによって、南北アメリカ大陸、アフリカ大陸などの未開人の生活が数多く報告されるようになった。

（10） 紀元前四世紀末にアテネで家屋と庭園を買って学校を開き、「生の目的は快楽である」と主張して快楽主義で有名なエピクロスの教えを奉ずる人たち。

（11） 第I部訳注（1）参照。

（12） 第I部訳注（44）参照。

（13） ルソーはコンディヤックの説を借りて、人間の最初の言語は自然の叫びであるとし、やがてそれに身振りが加わり、ついには身振りの代りに、音声を音節に分けて発音することを思いついたと説明している。しかし、この分けられた音節は定められた記号として特定の観念をあらわすものであるから、この特定の観念との対応関係の承認には共通の同意が必要であり、さらにこの同意には動機がなければならず、結局、言語の使用の確立には言語が大いに必要だったことになるとその矛盾を指摘している〔第I部訳注（27）参照〕。この種の疑問を提出した別の一人が誰であったかは不明。

（14） 例えば「子供」をあらわすラテン語の名詞infansはもともと「しゃべらない者」という意味である。従ってフランス語のenfantなども同じ。

（15） 三世紀頃スコットランド高地帯に住んでいたゲールと呼ばれるケルト族の一部族の英雄。ゲール族は数多くの戦争によって一族の勇士を失い、最後に生き残ったのが王子オシアンである。盲いたこのオシアンが父王フィンガルをはじめとする一族の勇士達の思い出を、息子オスカルの許婚者で竪琴の名手であったマルヴィーナに語り聞かせ、それを彼女が覚えていて後世に伝えたと言われている多くの古歌が残っている。一七六〇年から六三年にかけて、スコットランドの詩人、ジェームズ・マクファースンがそれらの詩歌を蒐集して英訳すると、新鮮な感動に充ちた古代人の生活と美しい自然を描写して、メランコリックな抒情をたたえたオシアンの詩は、ドイツのゲーテやヘルダー、フランスのルソーやシャトーブリアン、イギリスのワーズワースをはじめ、形式に凝り固まってしまったフランス古典主義の支配を脱して、新しい文学を求めようとした数多くの人たちに大きな影響を与えた。マクファースンの英訳以来、オシアン偽者説やアイルランド古歌説などが出て盛んに論じられたが、オシアンの実在とゲール古歌説をくつがえすまでには至っていない。

(16) 第I部訳注(44)参照。

(17) ルソーの『人間不平等起源論』参照。

(18) ルソーの『人間不平等起源論』参照。

(19) 実際はルクレティウスではなくてホラティウス。ヘルダーがジュースミルヒからの引用の際に間違えたらしい。「もの言わぬおぞましき群獣」は、ホラティウスの『諷刺詩』第一部第三章第百行から引用されたもの。第I部訳注(49)参照。

(20) 南米の北部、主としてヴェネズエラを流域としてて大西洋に注ぐオリノコ河の沿岸に住む未開種族。ドゥ・ラ・コンダミーヌが経線の測定のために南米に遠征し、その報告書の中でこの種族について述べている。第I部訳注(16)参照。

(21) ギリシア神話に出てくる話。ペリアスに奪われた王位の復活を王子イアソンが要求したとき、ペリアスは彼に、アレスの神苑で龍に守られている「金羊皮」を取ってくることを求める。イアソンはギリシアの英雄五十人を集め、大船アルゴ号に乗って出発、国王の娘メデアの助けによって「金羊皮」を手に入れる。アルゴ号の乗員にはヘラクレス、オルフォイス、リンコイスなどがいる。

(22) ギリシア神話の怪力無双の英雄。

(23) ギリシア神話で、人間にぶどうの栽培とぶどう酒の製法を教えたといわれる神。

(24) ホメロスの『イーリアス』の中に登場するギリシア方の英雄勇士たち。トロヤの王子パリスに誘惑され、王である夫を捨てて逃げた絶世の美女ヘレネを奪い返すために、アガメムノンを総大将としてトロヤに遠征し、十年間に及ぶ戦争の後トロヤを征服する。

(25) 古代ヨーロッパの中部と西部に住んでいた人種であるが、人種学的には不明の点が多い。ここでヘルダーが考えているのは、スコットランドやアイルランドに住んでいた古代ケルト民族のことで、彼らはオシアンの父、フィンガル王などの英雄的行為をロマンチックな哀愁味をこめて歌った多くの伝説古歌を残している。第Ⅱ部訳注(15)参照。

(26) 中部アメリカの東に位置する海域にある西インド諸島のこと。このあたりに、ヴェネズエラのオリノコ河流域に起源を持つ好戦的な未開種族であるカリブ族が住みついた。ルソーもこの種族が最も原始的であると述べている。第Ⅰ部訳注(76)参照。

(27) 西太平洋、ミクロネシアの北端を占め、南北につらなる島群で、サイパン、テニアン、アナタハン島などから成り、原住民はチャモロ族とカナカ族である。

(28) 大西洋と北極海の間にある世界最大の島。全土の八十五パーセントは巨大な内陸氷におおわれている。エスキモーが原住民であった。

(29) アフリカの大西洋岸地域を指す。ヨーロッパには金の産地として知られるようになった。

(30) 第Ⅰ部訳注(4)参照。

(31) 北アフリカ、アルジェリア、チュニジア、モロッコなどの険しい山岳地帯に居住する種族。

(32) 西部シベリアのオビ河とその支流の流域の広い範囲にわたって居住する種族。

(33) 十六世紀から十九世紀にかけてインドを支配したイスラム国家。第三代アクバル帝から第六代アウランジーブ帝に至る全盛期には皇帝の宮殿も豪華をきわめた。

(34) 十七世紀から十八世紀にかけてホイヘンスやカッシニによる振子の測定の結果、地球の形状についての論議が盛んになり、特に十八世紀に入ると、この問題が科学上の論議の主要テーマになって、実地測量のための遠征が何回もおこなわれた。一七三五年、ドゥ・ラ・コンダミーヌの指揮のもとに、経線測定の目的で南米へ遠征がおこなわれたのに続き、一七三八年には、北部スウェーデンと北極圏への遠征がおこなわれ、これに参加したドゥ・モーペルテュイによって、地球は楕円がその短軸のまわりに回転してできるような短球形で、両極が扁平になって赤道のところがふくらんだ形をしていることが証明され、地球の形状は最終的に確認された。

(35) ギリシア神話の老海神。予言と変身の術を心得ていて、あらゆるものに姿を変える力がある。

(36) 例えばヴォルテールのことを言っているのであろう。 Voltaire (1694-1778) 本名は François-Marie-Arouet フランス啓蒙主義の代表的存在。文学、歴史、哲学など多方面にわたって活躍した。『風俗史論』(一七五六) 参照。

(37) 何が何だかわからない混沌とした無秩序の状態をあらわす表現。ボヘミアとはチェコスロヴァキアの西部を占める地方で、ドイツとの国境地帯には広大な森林におおわれた山地がある。ヘルダーは「森」または「ボヘミアの森」という言葉をこのような意味でほかでも用いている。ズーファン版『ヘルダー全集』第一巻三八六頁及び第三巻三〇六頁参照。

(38) 第I部訳注 (44) 参照。

(39) Thomas Hobbes (1588-1679) イギリスの哲学者。典型的な機械的唯物論者で、すべての事物、すべての現象を物体の機械的、必然的な運動であるとした。自然法的国家観を確立し、人間の自然状態をいわゆる「万人のための万人の戦い」の状態とし、この自然権の無限の追求を制御するために契約に基づく国家が必要であると主張した。ヘルダーはホッブズの「人間は互いに狼である」という命題から引いてきている。『哲学綱要』(一六四二—五九) 参照。

(40) 不詳。おそらくイギリスの経験主義哲学者ヒュームのことではないだろうか。

(41) hostis このラテン語には「見知らぬ人」と「敵」というふたつの意味がある。

(42) Gerardus Johannis Voss (1577-1649) Vossius

とも呼ばれるオランダの人文主義者。ギリシア語とラテン語の研究のための啓蒙的著作を多く残した。

(43) 第Ⅰ部訳注（44）参照。

(44) 旧約聖書の「創世紀」第十一章に次のような話があるのをヘルダーが援用したと考えられる。「全地は同じ発音、同じ言葉であった。時に人々は東に移り、シナルの地に平野を得て、そこに住んだ。彼らは互いに言った、『さあ、レンガを造ってよく焼こう。』こうして彼らは石の代りにレンガを得、しっくいの代りにアスファルトを得た。彼らはまた言った、『さあ、町と塔とを建てて、その頂を天に届かせよう。そしてわれわれは名を上げて、全地のおもてに散るのを免れよう』。時に主は下って、人の子たちの建てる町と塔とを見て言われた、『民はひとつでみな同じ言葉である。彼らはすでにこのことをしはじめた。彼らがしようとすることは、もはや何事もとどめ得ないであろう。さあ、われわれは下って行って、そこで彼らの言葉を乱し、互いに言葉が通じないようにしよう』。こうして主が彼らをそこから全地のおもてに散らされたので、彼らは町を建てるのをやめた。これによってその町の名はバベルと呼ばれた。主がそこで全地の言葉を乱されたからである。」ここで描かれている町はバビロニアの首府バビロンであり、この話の背景になっている塔も、十九世紀末から二十世紀初めにかけて発掘されているが、通俗的な語源説明では、バベルはヘブライ語のバラル（混乱）から由来したものとされ、従ってバベルの塔はしばしば言語混乱の表徴として用いられる。

(45) 第Ⅱ部訳注（44）参照。

(46) 第Ⅱ部訳注（36）参照。

(47) ゲルマン民族がキリスト教に帰依する以前、すなわち一世紀から十四世紀にかけて用いた古いアルファベット。デンマークを含めたスカンディナヴィア諸国が主要な普及地域で、イギリスとドイツにも及んでいる。現存するものは石に刻んだものが多いが、本来は木に彫りつけたものらしく、文字は殆ど直線で出来ている。古いものは二十四個、比較的新しいものは十六個の文字から成立っている。中世では特に死者に対する碑文に見られ、十九世紀に入っても、家屋の標章などに用いられていた。

(48) 九世紀からヨーロッパに広く用いられていたラテン文字に代って、十二世紀には鋭角的なゴシック文字が発生し、十五世紀にはそれが全ヨーロッパに広まった。その頃ドイツには、それの幅を狭くして、さらに装飾的な大文字を加えた字体ができた。これがいわゆる「亀の甲文字」と呼ばれるもので、ヘルダーがここで考えているのもこの文字のことである。ルネッサンス以来、南・西ヨーロッパではふたたびラテン文字が使われるようになったが、ドイツではこの「ドイツ文字」が続けて用いられた。しかし、第二次大戦中のナチスの政策によってラテン文字が優位に立ち、現在では「ドイツ文字」は殆ど使用されない。

(49) 古代エジプト語から派生し、三世紀頃に、ギリシア語のアルファベットに七個の民用文字を加えて書きはじめられるようになった。コプト文字の主要な文献は宗教的なもの、特に翻訳された聖書であるが、法律文書なども残っている。

(50) **Homeros** (ca. 800-750 B. C.) ヨーロッパ文学の源とされ、古代ギリシアの初期を飾る叙事詩『イーリアス』と『オデュッセイア』の作者と言われている詩人。彼の生涯については、古代においてすでに謎に包まれていてはっきりしない。古代において早くもこのふたつの英雄叙事詩は作者がそれぞれ異なると主張する一派があったが、紀元前二世紀になってホメロス学者アリスタルコスの主張がこのふたつの叙事詩の作者を一人のホメロスに帰する説を有力にした。ところが一七九五年にドイツの古典学者フリードリッヒ・アウグスト・ヴォルフが『ホメロス序説』を発表してこれら叙事詩の作者としてのホメロスに疑問を呈して以来、ふたたびホメロス問題がギリシア古典学の論争の主題となり、ホメロスは実在しなかったとか、ホメロスは先行する多くの小さな叙事詩を集めたにすぎない、とか言われるようになった。その理由のひとつは、このふたつの叙事詩の間に見られる矛盾であり、もうひとつは、文字がなければこのような長い詩は不可能だとする考えにあった。ルソーも最初の言語は歌われたという自説の裏付けに、ホメロスは文字を知らなかったと主張しようとし、『イーリアス』の中に、偽の紹介状を持たされるベレロフォンの話を見つけて残念がっている。ホメロスよりもはるか以前のものとされる文献資料が発見されている現在では、文字を知らなかったという点は問題にならず、また、ふたつの叙事詩の間の矛盾も叙事詩の性格上ありうることであり、両詩の作者を別とする決定的な理由とはならないとする説が有力である。

（51） Anton Raphael Mengs （1728–79） ドイツの画家。ドレスデンの宮廷画家になったこともあったが、主としてイタリアとスペインで活躍した。バロック的画風から出発し、ヴィンケルマンとの交友などによって古典主義へと向かった。作品としては、ヴィラ・アルバニの天井画『パルナッソス』が有名である。彼の芸術論『絵画における美と趣味についての考察』（一七六二―七一）は当時広く読まれた。

（52） Christian Wilhelm Ernst Dietrich （1712–1774） ドイツの画家。ドレスデンの宮廷画家で、そこのアカデミーの総裁。ワトーやレンブラントなどを模倣し、ロココ風の絵を残した。

（53） Hermann 本名 Arminius （18 B. C. –17 A. D.） ゲルマン民族のケルスキ族の首領。はじめはローマ軍に従っていたがやがて反逆し、九年の秋、トイトブルクの戦いでローマ軍を打ち破り、ローマのゲルマニア征服を断念させた。ヘルダーはこの箇所をクロプシュトックの『ヘルマンの戦い』（一七六九）第十二場からとっている。

（54） アラスカ、アジア大陸北東部、北アメリカ最北部などにわたって居住する未開種族。多くはアザラシ、セイウチなどをとって暮らしを立て、獲物の分配は複雑な取りきめに従っておこなわれる。犯罪に対しては個人的に報復し、妻の交換は普通の風習である。

（55） Demosthenes （384–322 B. C.） アテネの政治家

で雄弁家。はじめは人前で話をするのが苦手であったが、努力によって古代ギリシアで最もすぐれた雄弁家となった。彼の演説はギリシア散文の特徴をよく生かして、力強く明確で、また、マケドニアに対する祖国の自由独立のために弁舌で戦った彼は、愛国者の鑑として尊敬されている。アテネを占領したマケドニア軍の圧力で死刑を宣告され、服毒自殺した。

(56) Phidias (ca. 490-ca. 430 B.C.) アテネ出身の古代ギリシア最大の彫刻家。金と象牙を材料にしたものが有名で、パルテノンの本尊である『アテナ・パルテノス』とオリンピアの『ゼウス』が傑作と言われた。しかしいずれも本物は失われて現在はない。

(57) 古代ペルシア人が紀元前五世紀に数回にわたってギリシア諸都市に侵入して荒らしまわり、蒙古人が十三世紀にチンギス・カン及び太宗の指揮のもとにヨーロッパに遠征したこと、もとスカンディナヴィア半島に住んでいたゴート人が四世紀から五世紀にかけてのいわゆる民族大移動を起こしてヨーロッパ各地に侵入したこと、また、ヨーロッパの歴史上しばしば異宗の侵入をうけて文化の断絶が生じたことなどを言っているのであろう。

(58) インド・ヨーロッパ語族の中のひとつの語派。紀元前にはヨーロッパ中心部からブリテン諸島、小アジアの一部に至る広大な地域に用いられていた。ライン河を中心とする一帯がケルト人の故地と考えられ、さらに、ゲルマン人がケルト人の文化の影響を強く受けて用語に類似性の多いところから、ヘルダーがドイツ語との比較の対象にしたものと考えられる。

(59) 第I部訳注(16)参照。

(60) イスラム教の聖典。六世紀はじめ教祖マホメットが神の啓示を得て語った神の言葉と言われている。「永遠の書」とされているコーランは、神が予言者マホメットにのり移って断片的に語ったものではなく、アラーの神のもとにはじめから存在するいわば原典が、啓示を通じてマホメットによって再現されたもので、その内容は殆どすべてが先行するユダヤ教とキリスト教から採り入れられている。マホメット自身が書物に仕上げたのではなく、彼の死後、まず啓示の言葉を暗記している人たちがそれぞれ勝手に書物につくり、やがて第三代カリフのオスマンが決定版をきめてそれ以外の版を禁止し、今日に至っている。

(61) 旧約聖書「創世紀」第二章の次のような話を指している。「また主なる神は言われた、『人がひとりでいるのは良くない。彼のためにふさわしい助け手を造ろう』。そして主なる神は野のすべての獣と、空のすべての鳥とを土で造り、人のところへ連れてきて、彼がそれにどんな名をつけるかを見られた。人がすべて生きものに与える名はその名となるのであった。」

(62) 第Ⅰ部訳注 (27) 参照。

(63) 第Ⅰ部訳注 (26) 参照。

解説

一

ここに訳出した『言語起源論』(一七七〇)の著者ヨハン・ゴットフリート・ヘルダー (Johann Gottfried Herder) は一七四四年、現在はポーランド領に属している東プロイセンの小都市モールンゲン(Mohrungen) に生まれた。父は機織り職人であったが、子供が増えて生活が苦しくなったので住宅など無料で提供される教会の鐘撞兼オルガン奏者となり、かたわら小学校で教鞭をとった。教会のオルガン奏者としての父を中心としたヘルダーの家庭は、貧しいが敬虔で音楽的雰囲気につつまれ、大人になってからもヘルダーが文学だけでなく、音楽をも良く理解したのは少年時代のこの雰囲気のせいである。少年ヘルダーは非常に勤勉な読書好きの生徒であったが、貧しいために自分の知識欲を満たすだけの本を買うことができず、他人の話から少しでも本の存在を嗅ぎつけると早速それを借りに行って読むという熱心さであった。他の少年達が皆で玩具などで遊んでいる時、彼は一人読書にふけるか人気のない野原や森で花をつみながら空想にふけった。とりわけ聖書が好きで牧師になりたいと思った。

市の学校を抜群の成績で卒業したが、家庭の貧しさのため大学に進めなかった。その時文学好きの副牧師が彼の多読によって得た博識と美しい筆蹟に目をつけ、学僕として自分の家に雇いいれ、原稿の清書をさせた。ヘルダーは仕事の合間にこの文学好きの副牧師の蔵書を自由に読むことができたので、その点では幸福だったが家事の手伝いまでさせられたので不満であった。運よくその頃、すなわち一七六一年から六二年にかけての冬、七年戦争からロシアへ引きあげる途中のロシア軍の一連隊が越冬のためモールンゲンに駐屯した。この連隊の軍医がヘルダーをこのわずらわしい家事手伝いの苦役から解放したのである。彼はヘルダーの才能を見込んで外科医にするため大学のあるケーニヒスベルク (Königsberg) に連れていった。

こうしてヘルダーはケーニヒスベルクで医学の勉強

を始めたが、過度に繊細な神経の持主である彼は最初の解剖の時失神し、とうてい外科医になれないことが判明した。軍医に見放されて途方にくれたヘルダーは、その時たまたま町でモールンゲン時代の学友に出あい、神学部の受験をすすめられた。というのも当時プロテスタントの神学生は貧乏学生の代名詞に使われたほどで、窮乏した学生が学業を終えることのできる学部は神学部だけだったからである。受験してみると合格したのでヘルダーは両親の許可も、学費も、将来の見通しもなくケーニヒスベルク大学の神学生となった。

神学生ヘルダーはやがて同地の神学校の舎監の職を見つけ、わずかながら生活費をえた。しかしほどなくその才能を認められ、神学校でギリシア語、ラテン語、フランス語、ヘブライ語、数学、文学、歴史、哲学などを教え、生活は安定した。一方、大学ではイマヌエル・カントの講義に耳を傾けた。カントは当時まだ『純粋理性批判』を出版する以前で、ちょうど人間の美的感情と崇高の感情について講義していた。その際彼は従来の偏見にとらわれず大胆に発言するルソーの諸論文、『エミール』、『新エロイーズ』などを盛んに取りあげて論じた。彼のルソー愛好はとりわけ有名で、ルソーの著作は全部読んでいて、『エミール』が出版された時など毎日かかしたことのない散歩を二、三日やめたとさえ伝えられている。このようなカントから強い影響を受けたヘルダーはカント同様ルソーに傾倒し、その結果当時の彼の文章の中にはしばしばルソー流の文体が認められるほどであった。

ルソー（一七一二―七八）は当時それらの著作で十八世紀の所謂「啓蒙主義」者達の理性中心主義に反対し、感情の復権を叫んでいた。「文化状態」に対して「自然状態」を、「動物機械」に対して人間精神の自由を、「書物を閉じて自然へ出て行け」と叫んだ。このルソーは十八世紀の所謂「哲学者」ではない。「彼の哲学は」――と野田又夫氏は説明している――

「先立つ十七世紀の形而上学に根ざすものであった。……十七世紀形而上学の主流は……デカルト主義でそれは神をすべての原理とみとめつつ、人間意志の自由をもまた肯定する。もちろん人間の誤謬や罪の理由は、神になくて人間自身にあるとみとめるが、同時に人間は、誤謬と罪から脱却する自由をもまた神によってゆるされているのである。そういう意味で、人間性は、原理上は善なのである……『哲学者たち』の見地は大まかにいって自然主義である。自然主義とは第一に、存在の原理において超自然をみとめぬ実証主義や唯物論であり、第二に、ひろく文化と政治を技術的理性で解釈する立場である。そして技術的理性をこえた倫理を認めようとしないから、文化と倫理（政治）との間に根本的な矛盾は意識されない。――しかるにルソーは自然主義者ではない。第一の点では、神をみとめ、人間精神の独立性をみとめる、有神論・二元論に立つ。第二の点では、技術的目的性をこえた倫理の秩序を考え、文化と倫理（政治）との根本的な対立の意識へと導かれる。」[一]

カントはたとえば『人間機械論』（一七四七）の著者ラ・メトリ（Julien Offray de La Mettrie, 1709-1751）に「例のモナードを振りまわして、わけのわからない仮説を築き上げ……霊魂を物質化するよりむしろ、物質を精神化した」[二]と非難された独断的・形而上学的ライプニッツ＝ヴォルフ学派の哲学に疑いをもち、心理学的考察の必要を痛感して「われわれの認識はすべて経験に由来する」とするベーコンやロックなどの経験論の研究に向かっていた。従って感情を強調しながらも人間を所謂「感情動物」とせず、その精神の自由の意識と独立性を認め、かつ神を肯定して「技術的目的性をこえた倫理の秩序」を重んじるルソーの著作の中に、自分の考えていた崇高の感情や「定言的命令」の文学的表現を見出したのである。

ルソーを盛んに論じるカントの講義に熱中したヘルダーは、或時彼の散文の講義の内容を韻文にして『人間について』と題して、彼の許に送った。カントは「ルソーの著書を食べすぎた胃から出たげっぷ」だとその詩を評した。

こうした機縁でヘルダーはやがてカントの熱心な聴講生からカントの友人となり、ケーニヒスベルクを去った後もその影響を受けつづけた。一七六三年、スイスのベルン市愛国協会が、「どうすれば哲学は民衆にとって有益なものとなるか」というテーマで懸賞論文をつのった。ヘルダーはこの募集に応じて論文を書いている。ただしそれは未完に終っているが、その用語法はルソー的で、主旨は心理学を取りもどすことによって哲学は生きた学問になるというもので、ルソーとカントからの影響を直接反映している。

カント以上にヘルダーに深く長い、そして個人的な影響をおよぼしたのは、その博覧強記のために「北方の博士」と呼ばれていたハーマン（Johann Georg Hamann, 1730-88）である。ヘルダーが評論集『現代ドイツ文学断章』（一七六六—六七）で文壇にデビューした時、その原稿を校閲したのはハーマンであり、一七六四年十一月ヘルダーがケーニヒスベルクよりさらに北の、現在ソ連領になっているバルト海東岸の商業都市リガ（Riga）に大聖堂附属学校副牧師として赴任することができたのもハーマンの紹介によるものであった。カントほど知られていないハーマンの生い立ちについて少し述べると、彼はケーニヒスベルクの有名な外科医の息子で、同地の大学で最初は神学を、次に法学を学んだ。ヘルダーも熱心な読書家だが、ハーマンはそれをはるかに上まわる大読書家で、ギリシア語、ラテン語、ヘブライ語、アラビア語、イタリア語、フランス語、英語に通じ、その博学さは当代無比であった。生活のための学問や就職をきらい一七五一年から数年リガなどバルト海沿岸の各地で家庭教師として子弟の教育にあたった。しかし教育者としての経験不足からこの試みはいずれも失敗し、一七五五年親交のあったリガの商人の家に住んで経済学の勉強を始めた。翌五六年この人の委託をうけてベルリン、リューベック、ハンブルク、オランダをへてロンドンまで二年間の商用旅行に出発した。しかしこの旅行でも商人としての経験不足からしばしば途方にくれ、内心の不安をまぎらわすために、また旺盛な好奇心も手伝って放蕩生活に足をふみいれ、ついにロンドンでは所持金のすべてを使いはたし、体もこわして絶望の淵につきおとされた。しかしこの深みでハーマンは聖書の中に慰めと新たな生への勇気を見出し、ここに彼の「目ざめ」と「改心」が起こった。以後彼はソフィスト的な啓蒙主義に反対して信仰を持つことを人々に要求した。そして信仰を精神的信仰と肉体的信仰とに区別することができないように、人間を細分化して説明する一切のやり方を排し、人間は一つのわかちがたい総体として把握すべきだ、と主張した。また信仰同様因果関係によって説明できない「天才」を礼賛した。彼のこの聖書に対する信仰はヘルダーにおいて理想的人間性に対する信仰として受けつがれるのである。

ヘルダーがケーニヒスベルクへ来た頃ハーマンはすでにこの町に帰っていた。すなわちロンドンで一文なしになり、行方不明になっていた彼は友人達の懸命の捜索でやっと発見され、リガに連れもどされた。しかし今や確固たる聖書への信仰を体得した彼は以前の商業活動にもどろうとせず、病気の父の求めに応じて一七五九年ケーニヒスベルクの両親の許にもどり、文学や既述の近東諸語の研究にふけっていた。読書家のヘルダーはすでにモールンゲンでハーマンの著書を読んでいたが、彼と個人的に知りあうようになった動機については次のように言われている。(三)すなわちヘルダーは小さい時から涙腺が異常で、いつも片方の目が充血していた。彼をケーニヒスベルクに連れてきた例の軍医がこれを治療するためにこの町で一番人気のある外科医であったハーマンの父親のもとにヘルダーを連れてゆき、そこでハーマンと知りあった、と。そしてヘルダーがハーマンのもとで英語を習いだしたのは一七六四年の春で、その時使われた最初のテキストはシェイクスピアの『ハムレット』とミルトンの『失楽園』であった。それ以後彼らの交際はますます深まり、ヘルダーはハーマンに心酔し、ハーマンはヘルダーにベーコン、ヒューム、ルソー、モンテーニュ、シャフツベリーを読むことをすすめた。

ヘルダーはすでに少年時代から詩作していたが、ハーマンと知りあった頃は古代ギリシアの抒情詩人ピンダロスに熱中し、ピンダロス風の詩を盛んにつくっていた。ちょうどこの年、ハーマンが編集者となって『ケーニヒスベルク学芸政治新聞』(週二回発行)が刊行され始めた。ヘルダーはハーマンの愛弟子としてそれらの自作詩のいくつかと他人の詩の批評をその新聞に掲載することができた。しかし皮肉なことに彼の詩より彼の詩評の方が好評で、それは彼の文芸批評家としての才能を世間に認めさせた。

一七六四年の暮リガへ移ってからのヘルダーは附属学校では、理想主義者で同時に実学も重んじる教育熱心な先生として皆から好かれ、また雄弁な説教者として聴衆の人気を集めた。牧師になることは彼の子供の頃からの夢で説教壇から真の人間的哲学を民衆にぢかに伝えることを自分の天職と見做していたので彼は満足だった。三年後の一七六七年には同じリガのイエズス・ゲルトルーデン教会の副牧師にも任命され、今まで以上に説教する機会を持つことができた。しかし彼の直接民衆に真の人間的哲学を伝えたいという熱望は単に教会での説教だけで満たされず、それはさらに文筆による説教活動となってリガ市で発行されていた週刊新聞への寄稿となり、また同地のフリーメーソンへの入会とそこでの講演活動ともなった。

このようにヘルダーはリガで教師および説教師として活動するかたわら、処女文芸論集の原稿を秘かに書き進めていた。当時の彼の部屋には「数人のすぐれたドイツ人」として一番上にクロプシュトックの肖像が、その下にはグライムとクライストが、三段目にはハラーとボートマーにはさまれてヴィンケルマンの肖像がかけられていたという。(四) クロプシュトック（Friedrich Gottlieb Klopstock, 1724-1803）はそれまでの正書法を全く無視して感情の陶酔をそのまま綴ったような熱狂的宗教叙事詩『救世主《メシアス》』を書いた詩人であり、グライム（Johann Wilhelm Ludwig Gleim, 1719-1803）はその頃のアナクレオン派の代表詩人、クライスト（Ewald Christian von Kleist 1715-59）は哲学的傾向をもつ自然詩人で、三段目のハラー（Albrecht von Haller, 1708-77）はかずかずの哲学的教訓詩を書いた詩人、ボートマー（Johann Jacob Bodmer, 1698-1783）は当時文学の模範とみなされていたフランス古典主義に反対してイギリス文学に人々の目を向けさせたスイスの批評家である。そして真中のヴィンケルマン（Johann Joachim Winckelmann, 1717-68）はゲーテ、シラーなどのドイツ古典主義文学の勃興に端緒を与えた有名な『古代芸術史』の著者である。ここから当時のヘルダーの文学観、就中彼がクロプシュトックの感情礼賛の文学を特に高く評価していたことがわかる。というのも彼にとっては感情の叫びこそ詩《ポエジー》の起源で、この考えはハーマンの主張、「詩《ポエジー》は人類の母語だ」の延長線上にある。そしてまさしくこのような問題について彼の処女作『現代ドイツ文学断章』は論じているのである。

一七六六年友人の出版社から匿名で出版され、ドイツ文学界に大きな影響を及ぼしたこの文芸論集の内容について述べる前に、その特異な形式に触れておく必要がある。すなわち一七五九年レッシング（Gotthold Ephraim Lessing, 1729-81）の発案で『最近のドイツ文学に関する文学書簡』という書簡体形式の文芸批評雑誌がベルリンのニコライ（Friedrich Nicolai, 1733-1811）の手で刊行されはじめた。この雑誌は一七六五年まで続いたが、これに寄稿したのはレッシング、ニコライのほか、ヘルダーによって尊敬されていた啓蒙主義の哲学者メンデルスゾーン（Moses Mendelssohn, 1729-86）、同じくヘルダーによって「健全な理性の哲学者」(五)、「人類の哲学」の代表者と見なされていたアプト（Thomas Abbt, 1738-66）などである。当時『文学書簡』はドイツにおける最も権威ある文芸雑誌の一つで、文学に関心のあるヘルダーもこれを読んでいた。しかし彼は単に読むだけでなく、その内容について自分の見解をノートに書きつけていた。このノートから『断章』が生まれたのである。すなわち『文学書簡』全二十四巻の内容を⑴言語　⑵美学　⑶歴史　⑷哲学の四項目に分けてまとめ、それに対する自己の見解を附記して出版しようとしたのである。しかし実際に書きだしてみると⑴の言語の項目がふくれあがって『断章』第一集に収まらず、第二集、第三集にまで及び、その結果⑵以下の項目の執筆は中止されるか延期された。もっともヘルダーの『文学書簡』の内容のまとめ方乃至引用の仕方はひどく恣意的で、ある箇所では『文学書簡』の内容をさらに詳述しているかと思えば、他の箇所では故意に縮め、また勝手に結合したり、書きかえたりしている。

さて、『断章』の内容は『文学書簡』の中から「言語」という項目に関するものをまとめたもので、われわれの訳出した『言語起源論』に関係の深い記述に富んでいる。たとえばイギリス人ブラックウェルの書『ホメロスの生涯とその作品に関する研究』(Thomas Blackwell: An enquiry into the life and writings of Homer. London 1736[2]) から次のような見解、すなわちホメロスの時代には音は現在よりずっと強く発音された、最初の言葉は歌であった、太古の言語はいずれも大胆な比喩に満ちていた、比喩で話すのが言語本来の姿である、風俗と習慣が言語に影響を与える、言語は人間のように年をとっていく、洗練された上品な言語は大詩人の詩作にふむきである等の見解を援用し、次のような自説を付記する。すなわち子供状態にある民族の言語はいわば「感情の言語」で、これはまだ殆ど言語とは言えない。ただ音を響かせるだけで、これは歌になる。青年状態の民族の言語は比喩と象徴で語られ、アクセントはリズムになり詩が生まれる。大人になった民族の言語は詩ではなくて美しい散文である。老年期を迎えた民族の言語も散文であるが、もはや美しい散文ではなくて正確な散文となる、という主張を。

言語が徐徐に発展していくというヘルダーのこの言語観は従来の言語観と著しく異なり、発表当時多くの批判をうけた。では当時一般に流布していた言語観はどんな内容のものだったのか。

(一) 「ルソーの哲学」桑原武夫編『ルソー研究』第八版所載 昭37 岩波書店 三四―三六頁
(二) ド・ラ・メトリ『人間機械論』(杉捷夫訳) 岩波文庫版 四三頁
(三) R. Haym: Herder nach seinem Leben u. seinen Werken. Bd. I. Berlin 1880. S. 56.
(四) R. Haym, a.a.O. Bd. I, S. 232.
(五) R. Haym, a.a.O. Bd. I, S. 95.

二

当時西欧文化の基礎を与えたギリシア=ラテン文化の言語としてギリシア語とラテン語が熱心に学ばれた

ことは周知のことであるが、それと並行してたとえばヘルダーがケーニヒスベルクの神学校でヘブライ語を教え、ハーマンが沢山ある近東諸語の中から特にヘブライ語を学んだということを知る時、なぜ当時特にヘブライ語が教えられまた学ばれたのだろうかという疑問がわいてくる。一つには当時はまだ神学の研究が盛んであったせいである。旧約聖書の原典がヘブライ語で記されていたので聖書研究のためにはヘブライ語の学習が不可欠だったからである。しかし同時に旧約聖書の原典の言語であるヘブライ語が太古エデンの園で話された、という信仰があった。そしてアダムとイブから地球上の全人類が生まれたように、世界中のすべての言語はヘブライ語から分かれ出たという誤った考え方が広がっていて、言語について考察しようとする者はヘブライ語の研究に没頭した。「ヘブライ語の発音とヨーロッパ各国語の発音との飛んでもない似寄りを探し出して来て」――とイェスペルセンは指摘している――「ヨーロッパ語の原であるといふ証明にしようとしたり、二つの単語の間に少しでも似通って居ればその単語の発音（いや寧ろ文字）の間にありとあらゆる関係を附け得ると考へたりした。」（一）

このような考え方に基づく言語観はヘブライ語を中心にして世界の言語の分布図を描こうとするいわば地理的考察に終始し、ヘルダーのように言語そのものが民族の文化段階に応じて歴史的に変遷するなどということは全く考えなかった。そしてこのようなヘブライ語中心あるいは聖書中心の言語観を側面から弁護したのが、当時ジュースミルヒ（Johann Peter Süßmilch, 1707-67）によって主張された言語神授説である。牧師でベルリン学士院会員であった彼は一七五六年、同学士院で「言語の起源は人間に発するものではなく神のみに由来することの証明の試み」と題して講演した。その際、文法のもつ論理的完璧さはとうてい太古の人間の考えうるものではない、従って神の手になったもので、人間はモーゼの様に神からこの言語を授かったのだ、と主張した。

一七六六年に出版されたこの講演を読んだヘルダーは友人に宛てた手紙で「最近ジュースミルヒが言語の

問題に介入してきて、ルソーと張りあい、メンデルスゾーンに反対している。私もこれについて少し意見を発表したい（二）」と述べている。一七六七年のことである。しかしヘルダーはすでにそれ以前、すなわち『断章』第一集でドイツ語特有の現象である倒置法の存在の説明に関連してジュースミルヒに触れ、最初の言語が神あるいは一人の聡明な哲学者によって考え出されたとする説に反対している。なぜならもし言語が純然たる精神のために、思想伝達のために発明されたのなら主語と述語の順序をわざわざ転換させる非論理的な倒置法のような語法は生まれなかったはずだからである。ところがわれわれ人間は感覚に支配される。話者の注意力は感覚に支配され、彼の気分や彼の興奮がある時はこの観点を前面に押し出し、ある時は別の観点を前面に押し出す。これが倒置法の起源である、とヘルダーはそこで説明している。

先に述べたようにヘルダーは『断章』第一集でブラックウェルの見解、「洗練された上品な言語は大詩人の詩作に不むきである」を援用しているが、この見解とそのような所謂「洗練された上品な言語」を駆使しない大詩人クロプシュトックに対する彼の尊敬とは直結している。しかもそれは従来のもう一つの言語観に対する反抗を意味している。すなわち中世以来のラテン語文法の研究法から生まれた言語観に対する反抗を。ラテン語は教会公用語として、また学術語としてヨーロッパで古くから盛んに学ばれたが、それはもっぱら読むための文字として学ばれ、生きた言語として、音声として把握されなかった。その結果正しいラテン語文を書かせることがラテン語教授の第一目的とされ、ラテン語文法の研究においては変則的な言いまわしを避けて正則な表現を見出すことがめざされた。何百年来このようなやり方が踏襲されたので、ラテン語は今や「技術」として、「正則」という観点からのみ研究されるようになった。この規範にてらす研究法がラテン語以外の言語の研究にもそのまま適用され、日常生活では同じ意味を言いあらわすのにいく通りもの異なった言いまわしがあるのに、人々はその中の一つの言いまわしだけを取り出してこれのみを規範にかなった正しいものとした。その典型はアカデミー・フランセーズのやり方である。ヴォージュラ (Claude Favre de Vaugelas, 1595-1650) はルイ王朝の宮廷やサロンに出入りしてそこで話されていた言葉を観察記録し、その中で彼が正しいと見なした話法を正則なフランス語、それ以外は避けるべき変則フランス語と断定して一六四七年『フランス語注意書』(Remarques sur la langue francaise) を刊行した。以来彼の示した語法が唯一の正しい言葉遣いと見なされ、それに従って話すことが教養人の規範とされた。このような偏見はさらにフランスが当時ヨーロッパ文化の中心であったため全ヨーロッパの教養人にそのまま受入れられ、後世にひきつがれ、言語研究の方向をゆがめた。そして詩人達もまたこのような「洗練された上品な言語」のみで詩作し続けたので——ヘルダーの見解に従えば——大詩人は以後生まれなくなった。

ヘルダーは逆にハーマンの主張「言語の純化はその豊かさを奪う」をモットーにして語彙の豊富な、同意語の多い近東語に注意せよと述べ、『断章』第二集では近東語の美しさを賞揚し、その文字ではなくてそれらの言語をつくり出した太古の近東人の精神を模倣せよ、と主張した。さらに近東だけでなく、世界各地の古代人の伝説や歌謡の中にもぐり込み、そこから涸渇した現代文学を潤す泉水を汲め、と説いた。そしてこの要求はやがて諸民族の民謡を発掘せよ、という要求になるのである。

ところで先述のジュースミルヒの言語説にふれた手紙でヘルダーはルソーとメンデルスゾーンの名をあげているが、彼らの言語観はどのようなものであったか。

まずルソーの言語観について述べるが、その前に十八世紀のいわゆる「哲学者たち」の見解をみなければならない。野田氏が述べているように、彼らは「超自然をみとめない実証主義や唯物論」者であった。従って人間の認識を頭脳による客観的実在の反映とみなした。一七二〇年、パリのサン・ジェルマンの定期市でオランウータンが始めて見世物として公開された。このマレー語で「森の人間」と呼ばれる大猿と人間との類似性が人々の関心を集め、人間との交配を幾度か繰返すことによって猿を人間に近づけることができるのではないかと真面目に考える学者も現われた(三)。しかし同時に人間と身体構造がこんなによく似ているのにどうして猿は言葉が喋れないのか、という疑問も提出された。「動物の中には」——と「哲学者たち」の一人、ラ・メトリはこの問題に関連して『人間機械論』の中で述べている——

「話したり唄ったりすることを覚えるものがいて節を覚え、音楽家とすこしも変らぬくらい正確にすべての調子をだす。またそれ以上の頭を持っていることをみせながら、たとえば猿のように、言葉を覚えることを仕了せないものもいる。これはなにゆえであろうか？

発語機関の欠陥によるものにほかならないのではなかろうか？

だがこの欠陥は生来の組織にかんしたものであって、つける薬がないものであろうか？　つまり手っとり早くいえば猿に言葉を教えることは絶対に不可能なのであろうか？　予はそうは思わない。

予は他のすべての猿よりも大猿を特別に選ぶことにしよう……この大猿はわれわれに非常によく似ているので、博物学者が野生の人間(homme sauvage)ないし森の人間(homme des bois)と呼んだくらいである(四)。私はアマンの生徒と同じ条件においてこの猿を捉えてくると仮定しよう。というのは、あまり若すぎもせず年をとりすぎてもいないように、という意味である。ヨーロッパへ連れてこられるのは、通常年をとりすぎているから……最後にかれの傅育《ふいく》係《がかり》となる資格が予にあるとは思われないから、いまその名前を挙げた立派な先生の学校へ入れることにするのである……アマンが生れつきの聾者《つんぼ》に対して施すことのできたすべての奇跡を、諸君は御承知であろう。かれは、聾者の眼の中に、自分でもいっているように、耳を発見したのである。そして実に短時間のあいだについに聞き、話し、読み、書くことをかれらに教えたのである。聾の眼はそうでないよりは、明瞭に見、かつより聡明《そうめい》であろうと思う。それは体の或る一部分ないし或る感覚器官の喪失《そうしつ》は、他のものの力ないし鋭さを増加せしめうるという理由からである。けれども猿は目も見えるし耳も聞える。かれは耳で聞き目で見るものを理解する。人のする合図《あいず》をじつに完全に了解する。だから、他のすべての遊戯ないし運動において、アマンの生徒に優《まさ》るであろうことを予は疑わない。しからばなにゆえ猿の教育が不可能なことがあろうか。なにゆえどこまでも面倒を見てやれば、ついに聾の例のごとく、発音に必要な動作《どうさ》を模倣《もほう》しえないことがあろうか？　猿の発語器官が、どんなにしても、少しも言葉を発しえないかどうかを断定することは予はあえてなしえない。これが絶対に不可能だとすればむしろそれは予を驚かすだろう。その理由は、猿と人間との非常な類似ということであり、今日までに知られている動物で、こんなに驚くべきほど内部も外部も人間に似ているものはないからである……アマンは人間を、生涯そこから浮びあがれないかに見えた生れつきの状態から、引きだしたのである。人間に思想を与え、精神を与えたのであり、一言にしていえば、かれがそうしなければ決して持ちえなかったであろう魂を与えたのである。これ以上偉大な力があるであろうか？

自然の資力を限りあるものと決めてしまうことをやめようではないか。それは無限である。なかんずく偉大なる技術の助けをえている場合は。

聾者にあって欧氏管《おうしかん》を開く、同じ機械が、猿のそれにも孔《あな》を通すことができないであろうか？　主人の発音を真似したいという好都合な欲望が、他の多くの身振《みぶり》を、あのように巧《たくみ》にまた賢く真似《まね》をする動物の発語器官を自由に動くようにさせることがありえないであろうか？　予の計画を不可能な笑うべきものと決めるような、真に決定的な実験が一つでもあったら挙げてもらいたいものである。予はあえてこういうが、そればかりではなく進んで、猿と人間との構造および機能の類似は以上のごとくであるから、もしこの動物を完全に訓練すれば、ついにかれに発音を覚えさせ、従って或る国語を覚えさせるのに成功するであろうということを、ほとんど疑わないのである……動物から人間へ、この推移《すいい》は急激ではない。真実の哲学者ならこのことを認めるであろう。言葉の発明される前、言葉の知識のなかった頃、人間とはなんであったか？　人間という種属の動物、ほかの動物よりはるかにすくない自然の本能をもち、他の動物の霊長《れいちょう》だなどとはその頃は思ってもいない。猿やその他の動物との区別は、今日猿が他の動物と区別される程度《ていど》のものにすぎなかった。予《よ》は顔つきのことをいっているのであるが、たしかにほかの動物よりは分別顔《ふんべつがお》をしていることはいたのである。ライプニッツの学徒のいわゆる直観認識（connaissance intuitive）にのみ制限されて当時の人間は形と色をみたにすぎず、その間になにものも識別することができなかったのである。老人も、若いものと同じく、子供もなにも年齢の区別なしに、自分の感覚と欲望とをあわあわいう有様は、ちょうど腹のへった犬ないし動かずにいるのに退屈《たいくつ》した犬が、食べたいとか歩き回ってきたいとか要求するのといっこう変りなかったのである。

言葉が、言語が、法律、科学、芸術が生れてきた。以上のものによってついにわれわれの精神という天然の金剛石《こんごうせき》が磨《みが》かれだしたのである……だが最初に話したのは誰か？　人類の最初の教師は誰であったか？　われわれの肉体組織の柔順《じゅうじゅん》さを利用する方法を発見したものは誰か？　著者はいっこう不案《ふあん》内《ない》である。これらの有難い最初の天才の名は時の流れの夜の中に消え去ってしまった。だが技術は自然の子である。自然は長い間技術に先立たなければならなかったからである。

もっとも立派な身体組織を持った人間、自然が恩恵をくみつくしてくれた人間が、他の者を教育したのであろうと考えなければならない。かれらは例えばある新しい音を聞き、新しい感覚を感じ、自然の目もさめるばかりの光景を形成しているあのさまざまな美しい物のすべてに眼をうたれるたびに、あのシャルトルの聾者（五）と同じ場合に立たざるを得なかったのであろう。この聾者が四十にして初めて鐘の驚くべき音を聞いたときの話を、大フォントネールが一番に語っている。ここからつぎのごとく結論するのはバカげたことであろうか？　これらの最初の人間は、この聾者と同じ方法で、ないし動物および唖者《あしや》（これも一種の動物である）と同じやり方で、かれらの想像力の構造に依拠《いきよ》する運動により、従ってつぎに各々の動物に特有な自然にでてくる声音《せいおん》によって、かれらの新しい感情を表現しようと試《こころ》みたのである。それはかれらの驚き、喜び、無我夢中の気持、ないし欲望の自然な表現である。[六]」

ここでは人間と動物の間に本質的な差は存在しない。動物も「技術」としての言語を長年月の間に、自然に、すなわち「想像力の構造に依拠する運動により」「自然にでてくる声音によって」修得するであろう、というのである。ところがルソーは『人間機械論』より七年後に書いた『人間不平等起源論』（一七五四）の中で「猿が人間の一変種でないことはよく論証されている。それは彼が話す能力を欠いているからだけでなく、殊に彼の種が自己完成の能力をもたないことが確実であるからであって、この能力は人類に特殊な性格である[七]」といって、猿と人間との間に明確な一線を劃している。そしてその際超自然的な「自己完成の能力」という概念を持ちだすのであるが、それにもかかわらずオランウータンと人間との過度の類似性が彼に自説をあくまで主張することを躊躇させ、逆にオランウータンは猿ではなくて人間ではないかとの疑いにとりつかれる。「無数の原因が人類の中に産出し得る・また現に産出している変異に関するこれらの観察は」――と同じ『人間不平等起源論』の中でルソーは言っている――「わたしに次のやうな疑問を起させる。すなはち、調べが行き届かなかったため、或ひはただ外形上注意された若干の差異のため、或ひは単に話をしなかったといふことのために、旅行者達によって、獣だと思はれている・人間に似た種々の動物は実は本当の未開人なのではなからうか。むかし森の中に散らばったその人種は、その潜在的能力の何れをも発展させる機会ももたず、如何なる程度の完成をも攫得せず、そして今尚ほ自然の原始状態に止まってゐるのではなからうか、という疑問を。[八]」さらに同書の少し後の箇所では

「わが旅行者達は（彼らを）ボンゴ、マンドリル、オランウータンの名の下にわけもなく動物としている。多分、も少し正確な研究の後、それが獣でも神でもなくして人であることが見出されるであろう」（九）と述べている。こうして彼の有名な「自然人」と「自然状態」の原型が誕生するのであるが、これこそまさに苦肉の策というべきであろう。

　ではルソーの「自然人」はどのようにして言語を発明したのか。「ここで一寸言語の発生に伴ふ諸々の困難を考察することを許し給へ。」――とルソーの『不平等論』は述べている――

「尤もわたしはコンディヤク Condillac 師がこの主材に関して為した研究――それはすべて私の考へを全部確認し、そして恐らくその最初の観念を私に与へたものであるが――をここに引用し或ひは繰り返すだけに満足しておいてよからうと思ふ。しかしこの哲学者が記号制度の起原に関し自ら以て難しとなす諸点を解決するその仕方を見るに、彼は私が疑問にしてゐること即ち言語の発明者の間に既に社会が成立してゐたといふことを初めから予想してゐたと思はれる……原始状態に於ては、各人は、家も小屋もいかなる種類の財産ももたず、行き当りばったりに、そして屡々ほんの一夜の宿りとして、どこかに寝泊りしたのである。男性と女性とは時次第欲望のまにまに偶然に結合し、言葉が彼等の言ひ交さなければならなかった事柄を通弁する必要も大して無かった。」（一〇）「人間の最初の言語、最も普遍的にして最も精力的な、つまり集合する人々を説き伏せなければならなかった以前に人間が必要とした唯一の言語は、自然の叫び声である。この叫び声は、緊急の場合に、大なる危険に際し救助を・また激しい苦痛に際し軽減を嘆願するため、全く一種の本能により絞り出されたのであるから、比較的温和な感情の支配する生活の普通の流れの中ではさう大して用がなかった。人々の観念が拡大し増大し始めた時、そして彼等の間に一層親近な交通が開けた時、彼等はもっと多くの記号ともっと範囲の広い言語とを索めた、彼等は音声の抑揚 inflexions を増し、それに身振りを加へた、身振りはその性質上一層表現的であり、そしてそれの意味は内部的決定に依存することが比較的少い。すなはち彼等は目に見えて動く事物はこれを身振りによって、聴覚に訴へる事物はこれを模倣音によって表現した。しかし身振りは目の前の或ひは描写し易い事物と・見える行為とのほかは殆んどこれを指示せず、またそれは暗がりの中や物体に遮られる場合には役に立たず・そして注意を喚起するよりは寧ろ注意を要求するのであるから一般的な使用には堪へない、そこでひとは、終ひに、数個の観念に対して同一の関係をもつといふやうなことがなく、すべての観念を制度記号として表はすに一層適する分節発音 articulations をこれに置き換へようといふことに気付いた、この置き換へは共通の同意によるのでなければ――またその粗野な器官がまだ少しも練習してゐなかった人々にとってはかなり実行しにくい・そしてそれ自身が一層思ひ付きにくい方法を以てでなければ――行ない得なかった、といふのは、かやうな全員一致の同意には動機がなければならず、そして言葉の使用を制定するためには言葉が大いに必要であったと思はれるから。（一一）」「もしも最初の発明者達がすでにもってゐた観念にのみ名称を与へ得たのであるとすれば、最初の名詞は固有名詞以外では決してあり得なかったといふことになる。（一二）」「物質名詞だけは発明されたけれども、すなはち国語の中で最も発見し易い部分は越えたけれども、それが人々の全思想を表白するためには、恒常的な形態をとるためには、公衆の中で語られそして社会に影響を与へ得るためには、まだ〳〵開拓されるべき道が残ってゐるのであるからそれを（わが判官達に）考へて頂かう。数や抽象語や不定過去 aoristes や動詞のすべての時やテニオハ particules や措辞法 syntaxe を発見し、文章を綴り、推理を運び、そして文の全論理を形作るために、どの位の時と知識とが必要であったかを、反省して下さるやう彼等に御願ひする。そして私自身は益々増大する困難に恐れをなし、且つ諸国語が純粋に人間的な手段によって生誕しまた制定され得たなどといふことは殆んどその不可能が論証され得るものと確信して、誰かそれを企てようとする者にこの困難な問題の論議を譲ることにしよう。(一三)」

以上の引用から明らかなように、ルソーは言語の起源に関しては、『人間認識起源論』(一七四六)を著述した友人コンディヤックの見解を単に「引用し或ひは繰返」しただけで、独自の見解は提示していない。勿論コンディヤックの説く「自然の叫び声」の漸次洗練化による人間の言語の誕生には疑問を呈しているが、単にそれだけで、それに代わる新解釈はない。

さて、ルソーの『不平等論』が書かれたのは一七五四年であるが、二年後の五六年には早くもその独訳がベルリンから出版された。この飜訳者が他ならぬメンデルスゾーンで、彼にこの飜訳をすすめたのがレッシングなのである。ところでメンデルスゾーンはルソーのこの飜訳に「あとがき」をそえ、その中でこの論文に対する自説を述べている。すなわちルソーが人間に「理性に先んじる原理」として自己保存欲と同胞の死や苦痛をみることを嫌うことの二つのみを認めて、「社交の原理」を全く認めないことに反対し、神から授けられた隣人愛こそ一切の文化と有徳の唯一の源泉であり、従ってルソーのこの論文の主旨には同意し難い、と書いている。ルソーの「自然状態」は、メンデルスゾーンによれば、人間の幼児時代の状態で、大人になれば人間はもはや幼児のように床をはいまわらずに真直ぐ立って歩くように、大人状態の人間、すなわち現代社会の人間は、自然人とは別種の社会的責任を自覚し、義務の履行や真・善・美の認識、秩序の確立にわれわれの道徳的満足を見出すのである。そしてルソーの言語起源論に関しては、彼が「諸国語が純粋に人間的な手段によって生誕しまた制定され得たなどといふことは殆んどその不可能が論証され得るものと確信して」と述べたのに反対して、そのためには観念の連想作用あるいは想像力と長い年月と自分をより完全なものにしようとする能力があれば十分であるとしている。「今かりに自然人が少しあたりを見まわしたと仮定しましょう。」――とメンデルスゾーンは「レッシングに宛てて」と題したその「あとがき」で書いている――

「森の中で羊のメーという鳴き声、犬の吠え声、鳥のさえずり、そして海のどよめきを聞いたとしましょう。彼はそれらの音を非常にしばしば耳にし、同時にその発声者の姿を目で眺めたために、彼の心の中でそれらの目に見える姿とその音との間に一種の結合関係が生じます。こうなれば彼は自分の背後で羊がメーと鳴くのを聞けば必ず羊の姿を自分の想像力の中で思い浮べるでしょう。また羊の姿を見れば必ず彼の心の中で、この姿と結びついている鳴き声をある程度感じるでしょう。従ってもしこの音を模倣しようという考えが自然人の心の中に浮べば（そういう欲望を抱くことは動物においてすらまれではありません）、この模倣された音を偶然耳にした別の自然人は、彼がこの音と常に結びつけていた姿を思い浮べるでしょう。これが模倣音の起源です。これにいくつかの自然音、すなわち通常それによってそれぞれの動物が彼らの喜怒哀楽の感情を表現するいくつかの自然音をつけ加えれば、それで言語の最初の見取図がえられます。しかしこれとて一つのぼんやりした輪郭以外の何物でもなく、われわれが社会生活でわれわれの考えを表現する際に使うような言語からはまだとてつもなく遠くはなれています。」(一四)

また彼によれば、ルソーのように最初個々の対象に別々の名前がつけられたのではなくて、連想作用によって同種のものは皆同じ音、すなわち同じ名で呼ばれた。ところが同じ名で呼ばれたいくつかのものが偶然同時に姿を現わした時、はじめて自然人は個別的観察を余儀なくされ、それらの相違に気づく。だからまず名詞が生まれ、それらの間の差異に気づいた後に形容詞が生まれたのである、と述べている。これらメンデルスゾーンの発言は想像力の「連想作用」の底に神から授けられた隣人愛と向上心が置かれている以外はコンディヤックそのままである。

以上が十八世紀中葉のヨーロッパにおける諸言語起源論のあらましである。

（一） イェスペルセン『言語』（市河・神保共訳） 岩波書店 昭2 八頁
（二） R. Haym, a.a.O. Bd. I, S. 402.
（三） ディドロ『ダランベールの夢 他四篇』（新村猛訳）

岩波文庫版　二〇二頁

（四）　Johann Conrad Amman (1669—1730) スイスの医師。聾唖教育を生理学的基礎のうえに築いた点でラベ・ド・レペ (L'abbé de l'Eppée) の先駆者として重んぜられている。その著 Surdus loquens (1692)(『物いう聾者』) Dissertatio de loquela (1700)(『言語論』) はディドロの唯物論的著作『盲人についての書簡』『聾唖者についての書簡』『ダランベールとの対談』等に援用されている。アマンの教育法についてはラ・メトリ著『霊魂論』第十四章第四話に詳細にのべられている。（ラ・メトリ　前掲書　一二五頁）

（五）　ラ・メトリ著『霊魂論』第十五章第一話は「シャルトルの聾者について」と題してフォントネールの引用が全部を占めている。 Fontenelle : Histoire du renouvellement de l'Académie royale des sciences (1703) から引用したものである。（ラ・メトリ　前掲書　一二六頁）

（六）　ラ・メトリ　前掲書　六〇—六六頁

（七）　ルソー『人間不平等起原論』（本田喜代治訳）岩波文庫版　一七九頁

（八）　ルソー　前掲書　一七四—一七五頁

（九）　ルソー　前掲書　一八〇頁

（一〇）　ルソー　前掲書　六五—六六頁

（一一）　ルソー　前掲書　六八—七〇頁

（一二）　ルソー　前掲書　七二頁

（一三）　ルソー　前掲書　七五頁

（一四）　Moses Mendelssohn : Schriften zur Philosophie, Aesthetik u. Apologetik Ⅱ. Hrsg. von M. Brasch. Hildesheim 1968. S. 345.

三

話題をヘルダーの『断章』にもどすと、その第三集には彼の歴史主義、すなわち彼の晩年の大著『人類歴史哲学考』（一七八四—九一）の命題である「ある民族を理解するためにはその民族の文学と知識の歴史を知らねばならない」がすでに述べられている。

以上三集に分けて出版された処女評論集は好評を博し、一七六七年夏売切れた。ヘルダーは早速その改版にとりかかった。すなわち初版でかなりの頁数を占めていた『文学書簡』からの引用を全部除いて、配列を自己流に改め、新たに自説を多く書き加えた。補足されたものの中には言語の起源に関する次のような発言が見られる。すなわち人間はほかならぬ言語の使用によって次第に考えることを学び、考えることによって次第に話すことを学んだこと、ライプニッツの「万国共通語」という仮説は、学術語は別として当をえていないこと、なぜなら各民族はそれぞれ自分の民族語をもち、各人はそれぞれ自分の言葉をもつから、言語神授説は人間は独創力を持つという事実に反し、また一切の世界史の史実に反し、すべての言語哲学の歴史に反すること、従って言語は理性の発展したもの、人間の諸能力の産物としか考えられないこと、などである。

ところでヘルダーは処女評論集『現代ドイツ文学断章』で一躍ドイツの有名文芸批評家の一人となったが、同時に彼の評論集に対する批判も激しかった。特にヘルダーがその第三集で、ハレ大学の雄弁術の教授で当時ベルリンの『ドイツ国民文庫』と並んで最も有力な雑誌であったハレの『アクタ・リテラリア』の編集者であったクロッツ（Christian Adolf Klotz, 1738-1771）のラテン語で書かれた諷刺詩を早まってこのジャンルにおける範例とほめたのがいけなかった。ほどなくその詩の正体がわかったのでヘルダーは早速『ドイツ国民文庫』の誌上を借りてクロッツに対する評価の訂正をおこなった。このことに立腹したクロッツと彼の一味は、一斉に『ハレ学芸新聞』や『イエナ学芸新聞』などを通じて『断章』の匿名の著者を名指しで非難し始め、やがてそれはリガにおけるヘルダーの個人的行状にまでふれる個人攻撃に発展し、彼の牧師としてのリガ滞在を苦しいものにした。ヘルダーはハーマンに、そんな非難は無視せよ、と忠告されたが、神経質な彼にはそれができず、『断章』第一集と第二集の改版の原稿の随所にクロッツ攻撃文を盛りこんで印刷屋へまわした。しかし彼は改版第一集の校正刷を手にしながらそれを公表する決心がつかず、ついに第二集とともに（第三集はプランのみに終った）その出版を断念し、その原稿とヴィンケルマンの『古代芸術史』に関する論文其他を一冊にして『批評の森』（三巻）と題して出版した。一七六九年のことである。

この第二評論集の欠点は、前述のことから容易に推測できるように、クロッツ攻撃が中心になっていることである。しかしヴィンケルマンのギリシア一辺倒は正しくないとか、レッシングが『ラオコーン』(一七六六)の中でギリシア文学を批評の絶対的規準としているのは偏見である、といった卓見も述べられている。言語に関しても、視覚が他の感覚よりはるかに勝る唯一絶対の感覚であるという従来の考え方に対して、視覚は形態について何も知らない、触覚だけが他の物体の一切を感じうる器官であり、従って彫刻の本質は目を閉じたまま手でさわって美しく感じられる楕円曲線のようなものだ、と主張している。

『批評の森』第四巻の原稿はクロッツ一派の大学教授リーデル(Friedrich Justus Riedel 1742-85)の美学書に対する批判を中心に書き進められ、一七六九年初めに脱稿されたが、自説に自信がなく、また論争にもあきたので、その後一度改作したが出版は見合わせ、続いて『ヘブライ人の考古学』の執筆にとりかかった。これはすでに紹介した旧約聖書の言葉であるヘブライ語はエデンの園で話された言葉で、神によって授けられた言語である、という当時のヘブライ語観と「詩《ポエジー》は人類の母語だ」というハーマンの主張から帰結される人類の母語としての詩《ポエジー》の根源はどの民族においても同一である、という考えとの矛盾を解決しようとして試みられたものである。ここでヘルダーは歴史家として、聖書の物語を神の啓示としてではなく深い意味をもった昔の物語、その時代の比喩的詩的考え方に従って書かれた太古の物語として考察している。

このような『ヘブライ人の考古学』を書き進めて行くうちにヘルダーは聖書を神の啓示と見ない文芸批評家としての自分の立場と牧師としての自分の職業との間にある矛盾をますます意識せざるをえなかった。しかもこの矛盾にクロッツ一派はヘルダー攻撃の矢を集中してきたのである。ヘルダーはこれまですべての著述を匿名で出版していたので何を書いても大丈夫だと思っていたが、その文体の特異さのために、既述のように、『断章』も『批評の森』もたちまちクロッツ一派に正体を見破られた。そしてそれらの内容がいかに牧師としての彼の地位にふさわしくないかをあばきたてられ、揶揄された。そこでヘルダーはさしずめこのようなクロッツ一派の攻撃を避け、匿名を貫くために一七六九年五月、突然辞表を出してリガからコペンハーゲンへの船旅に出発した。さし当りの目的地はフランスで、『現代ドイツ文学断章』の続篇として予定している独仏両文学の比較研究の資料を収集しようと考えていた。

途中コペンハーゲンやヘルシンエールなどに寄港し、北海からドーバー海峡を通って大西洋に出、そして、ブルターニュの沿岸をまわってロアール河をさかのぼり、ナントに到着したのは同年七月中旬であった。ここで彼は数ヶ月滞在し、その間一方ではフランスの「哲学者たち」の作品を片っ端から読破し、他方ではリガからナントまでの船上で思いめぐらした一切のことを自己告白の形で書きとめ始めた。これが『フランスへの旅の日誌』(一七六九)である。十一月初めヘルダーはナントを発ってパリに向かい、約一ヶ月半このヨーロッパ文化の中心地に滞在した。今度はディドロ、ダランベールなどの「哲学者たち」を直接訪問した。

ちょうどこの頃ベルリンのニコライからドイツのある王子の三年間の教養旅行に傅育官兼巡回説教師として同伴しないか、という話が伝えられた。給与など好条件が示されイタリアへも行くとのことなのでヘルダーはこの申出に応じ、ブリュッセル、アントワープ、ハーグ、アムステルダム、ハンブルクを経て王子のいる北ドイツのキールに近い小都市オィティン(Eutin)についたのは翌七〇年四月である。途中アントワープからアムステルダムへの航海の途中ハーグ沖で大嵐にあい、船が浅瀬にのりあげて沈没し、九死に一生を得てボートで救出されたりしたが、ハンブルクではレッシングに会い一週間親しく彼と交際することができた。三ヶ月のオィティン滞在後七月中旬にヘルダーはイタリアへの長旅に王子の一行と共に出発した。八月には中部ドイツの町ダルムシュタット(Darmstadt)につき、半月の滞在中にゲーテの『ファウスト』でメフィストフェレスのモデルになった同地の文学好きの陸軍参議官メルク(Johann Heinrich Merck, 1741-91)や後に彼の妻となったカロリーネ・フラックスラント(Caroline Flachsland, 1750-1809)と知り合った。

ところでヘルダーがまだオィティンに滞在していた

頃、彼の手許にハノーバーの少し西の小都市ビュッケブルク(Bückeburg)の領主から手紙がとどいた。ヘルダーの著作に感動した領主がヘルダーを宗教局評定官兼主席牧師としてビュッケブルクに招聘したいがどうかという問合せの手紙であった。牧師こそわが天職と信じていたヘルダーは絶好の機会と思ったが、今のまま王子の傅育官として旅に出れば憧れのイタリアの地を訪れることができるのである。決断がつかずにヘルダーは返事を保留したまま出発した。しかしあちこちの官廷に立寄りながら旅を続けるうちに気難し屋の彼と同行の宮内官達との仲がうまく行かず、やがてヘルダーはイタリアへの旅をあきらめ、ダルムシュタット滞在中に秘かにビュッケブルクへ就任の期日其他の条件をそえて受諾の返事を送った。九月上旬、南独のシュトラースブルクで待望のビュッケブルクからの快諾の返事を受取った。そこで王子に傅育官の辞任を申し出、有名な眼科医のいるこの町で持病の眼の手術をうけてから新しい任地へ赴くことにした。ところが三週間の予定で受けた手術が失敗をかさねて長びき、翌七一年春までかかり、しかも手術以前より悪くなるという状態で、目の手術中なので好きな読書も論文の執筆も思うにまかせず、暗澹たる思いでヘルダーはこの六ヶ月間をシュトラースブルクで送った。

ちょうどこの時ゲーテはこの町の大学生であった。彼がどのようにしてこの高名の文芸批評家を朝も晩もその宿に訪れ、どのようにしてヘルダーによって今迄の彼のバロック的ロココ的文学観を嘲笑され、代ってシュトゥルム・ウント・ドラングの新文学観を吹き込まれたかは、彼の自伝『詩と真実』第十巻（一八一一―一二）に詳しい。その中でゲーテは、ヘルダーが彼にベルリンの言語の起源に関する懸賞論文に応募するつもりだと告げ、きれいな筆蹟で書かれた完成真近い原稿を彼に見せ朗読してくれた、と述べているが、この「ベルリンの言語の起源に関する懸賞論文」とは、ベルリン学士院が一七五六年、当時の総裁ドゥ・モーペルテュイ（Pierre Louis M. de Maupertuis, 1698-1759）と会員ジュースミルヒとの間で起きた言語の起源に関する対立、すなわち前者はコンディヤック流の言語の人間的起源を唱え、後者は言語神授説を唱えたが、この対立を調停する目的で、一七六九年に募集した懸賞論文のことである。ヘルダーの当時の抜書き帳の一冊の内扉にはこの懸賞論文の課題、すなわち「人間は先天的能力のみで、独力で言語を発明しえたか。またいかなる過程を経て最も適切に言語を創造することができ、またせずにはいられなかったか」と、一七七一年一月一日という提出〆切日が書きとめられていた。『フランスへの旅の日誌』の中でもこの懸賞課題にふれられているし、一七六九年のナントから出版社ハルトクノッホに宛てた書簡のなかでも「この卓越した、偉大な、真に哲学的な問題は、まさに私のために与えられているかのように思える」(一)と語っている。というのも言語の問題は彼が処女評論集以来しばしば論じてきた問題の一つで、これまでの著作の中で個別的に述べてきたことを一つに纏めさえすればよかったわけだからである。草稿の筆蹟から判断すれば『言語起源論』は幾度か書き直されているとハイムは断定しているが、(二)もしそうだとすれば数度の改稿の後一七七〇年のクリスマス前、シュトラースブルクで書きあげられ、匿名でベルリン学士院へ発送されたのである。そして見事に賞を獲得し、翌七二年学士院の委託によりベルリンのフォス出版社から刊行されたのが、ここに訳出した『言語起源論』である。

(一) R. Haym, a.a.O. Bd. I, S. 401.
(二) R. Haym, a.a.O. Bd. I, S. 401.

四

さて、このようにして本書はベルリン学士院の受賞論文として世に出たのであるが、ここで、本書におけるヘルダーの言語起源論の立場をきわめて大まかに図式化して言ってしまえば、(一)ジュースミルヒによって代表される、いわゆる言語神授説の無根拠さを暴露し、終始これに痛烈な攻撃を加えると同時に、他方、言語の人間的起源を唱える点では軌を一にしながらもその理由づけの点で袂をわかつ二つの立場、すなわち、(二)

感覚論の立場と、㈢合理論の立場を、それぞれ批判的・相対的に正当化し、折衷しながら、両者の立場を綜合的統一に導いていく立場であると言ってよいであろう。ヘルダーの議論がそうした既存のもろもろの見解を紹介し、批判し、あるいは是認しながら、その間を縫って自分の主張を展開していくという方法をとっているため、以下、右に挙げたそれぞれの立場の所説を要点のみ列挙し、併せてこれに対するヘルダー独自の見解を概観していくことにしよう。

㈠すでに二一四頁でも述べたように、ジュースミルヒは、その論文「人間言語の神的起源の証明の試み」(一)(一七六六)のなかで、とりわけ言語の文法的・規則的な側面に光を当て、このように高度な論理的完全性をそなえた言語は、不完全な理性しか持たない人間のとうてい発明し得るものではなく、従って神自身が言語を創造し、すでに出来上った完全な作品として、人間理性の覚醒と完成のためにこれを伝授したのだと主張する。ジュースミルヒの依って立つ論法とは、人間が理性を使用する際言語は不可欠であり、言語なしでは理性は働き得ない、それゆえに言語は人間の発明したものではない。なぜなら言語を発明するためにはすでにそのための理性が存在していなければならず、そしてもしそのような理性が言語にさき立って存在していたとすれば「従って言語は、それが実際に存在する以前に存在していなければならなかったであろう」(二)から、と推論するものであった。この推論を最後まで押しつめていけば、理性と言語は、両者とも互いに他の一方の前もっての存在を前提しなければそれ自体では独立に存在し得ない、という論理の悪循環に陥らざるを得ないのであるが、ジュースミルヒは、これら相依存し合う二項の一方(言語)の起源を神に求めることによって、この循環論証から抜け出しているのである。

これに対してヘルダーは、まず、実際この地上において観察される言語はけっしてジュースミルヒの言うように理路整然としたものではなく、むしろ混沌そのものであって、そのような乱雑な言語はとても神の業とは考えられない、と反論する。そして、このような現実の事実に基づいて、ヘルダーはさきのジュースミルヒの論証を次のように反証する。すなわち、ジュースミルヒの言うように、人間が言語なくしては理性を使用できず、理性なくしては言語を発明できないのだとすれば、まさにこの事実こそ彼の推論とは逆に、言語の人間的起源を証明する証拠にほかならないのだ、と。

「しかし私がこの永遠の独楽《こま》を止めてよく調べてみると、彼の言っているのは全く別のことなのだ。すなわち、『理性即言語《ラチオエトオラチオ》』と言っているのである！ いかなる理性といえども人間にとって言語なしにはあり得なかったのであれば、よろしい！ そうだとすれば、言語の発明は人間にとって理性の使用と同じように自然で古く、本源的で固有なものなのである。(三)」

こうしてヘルダーは、ジュースミルヒの論証を逆手にとって、人間における理性と言語の同時的・相即的な関係を主張するのであるが、この『理性即言語《ラチオエトオラチオ》』の統一原理こそ本書の全体を通じて一貫する最も重要な根本原理であり、ヘルダーにおける人間学的言語観の大前提をなす定式なのである。

(二)コンディヤックは、ロックの経験論を信奉しながらも、さらに一歩進んで、ロックにおける感覚と反省との二元論を批判し、人間のあらゆる精神活動を「変形された感覚」に還元したフランスの感覚論の哲学者であるが、彼はその著『人間認識起源論』（一七四六）のなかで言語の動物的起源を唱え、人間が相互理解のために用いる手段は、それがどのように高度に精密化したものであっても、人間が他の動物たちとならんで、これら動物たちと同様に所有しているものの連続的な発達にほかならない、と主張した。彼によれば、人間とは完全な動物のことであり、動物とは不完全な人間のことであった。その後ルソーもまた『人間不平等起源論』（一七五四）のなかで言語の起源について言及した際、コンディヤックがこの論題に関してなした研究は、「それはすべて私の考えを全部確認し、そしておそらくその最初の観念を私に与えたものである。(四)」と述べ、さらに社会生活を営む以前の自然状態における人間が必要とした唯一の言語は「自然の叫び声(五)」であるとして、コンディヤックにおける感覚論の立場に同意を示していた。そしてヘルダーもまた、人間の精神活動の感性的側面に光を当て、人間を一個の「感じ易い機械」(六)としてとらえる限りでは、この人間「機械」の言語を「感情の叫び声」(七)にほかならないものと考え、ルソーと同様にコンディヤックの所説を認めてこれに依拠する。すなわち、ヘルダーによれば、動物としての人間の言語は、歓喜、苦痛、怒り、絶望等々の諸感情が、「感じ易い機械の自然法則に従って」無意識的な直接の「叫び声」として発せられ、この「叫び声」が周囲にいる同類の「感じ易い機械」の胸中に「矢のように飛びこんで」同一の響きをひびかせるのである。(八)ヘルダーはそのような「感情の叫び声」としての言語を「自然の言語」、あるいは「自然語」(九)と呼んでいる。本書冒頭の「人間はすでに動物として言語をもっている」の一句は、何よりもまず、ジュースミルヒが主張するような言語神授説を真向から拒斥する含蓄に富んだ力強い命題として立てられているのであるが、同時にまたヘルダーはこの命題によって、人間言語の本質的な一側面、つまり人間言語の持つ感情的・非合理な本性を指摘しているのである。ヘルダーは、すべての格調高く力強い言葉、とりわけ人類の原始時代における詩歌や歌謡は、この「自然語」のなかに生命の根源を持っているものと信じ、このような信念が彼を導いて古代民族や未開民族の文化の研究に向かわしめる原動力となったのである。(一〇)

しかしながら、人間と動物を全く同一の次元において考察する場合、「吐息」や「間投詞」、あるいは「感情の叫び声」としての「自然語」がどのようにして人間の思考と結びつき、ある音声が常にある特定の対象を指示するようになるのであろうか。また、どのようにして人間たちは一定の音声のなかに一定の共通的意味内容を見出し、互いに意志を疎通し合うことが可能となるのであろうか。コンディヤックはこの点について、「どのようにして人間たちが、彼らが用いようとする最初の言葉の意味をお互いに一致させるようになったのかを理解するには、彼らの各人がみなこの言葉を、それをどうしても同一の観念と結びつけざるを得ない状況のなかで発したのだ、ということを認めれば十分である云々」(一一)、と説明している。換言すれば、同一状況下で同一の音声が反復されれば、そこから必然的にある特定の共通観念が形成されざるを得ない、と説明されるのであるが、しかし、この説明もまたヘルダーによれば、「要するに言葉は、それが実際に存在する以前に存在していたから成立した」ということ以外の何ものをも意味しない(一二)。論証の意図の点ではジュースミルヒと正反対ではあるが、論証の方法において、コンディヤックもまた言語の成立の証明以前にすでに人間言語の存在を前提としているのであって、このあらかじめ前提している人間言語を動物的「自然語」の精妙化という仮定によって導出しようとしているにすぎない。それゆえ、この説明は真面目な考察に価しない「内容空疎な説明」である、とヘルダーは言う。なぜなら、「この叫びを、どのようにでも手を加えて精妙にし、組み立ててみるがよい。この音をなんらかの意図をもって用いる悟性がそこに加わってこないならば、どうして前述の自然法則に従って人間の自由意志に基づいた言語が生まれるのか私にはわからない」(一三)(傍点引用者)からである。従って「感情の叫び声」は、人間言語の樹根に生命を与える必須の精分ではあるが、樹根そのもの、つまり言語の起源そのもの、と混同されてはならないのである。

ルソーもまた前掲の論文のなかで、自然の言語から抽象的な記号制度が発達していく過程の説明については、コンディヤックの感覚論的一元論の立場に大いに疑問を抱いたのであったが、結局彼は、「私自身は益々増大する困難に恐れをなし、かつ諸国語が純粋に人間的な手段によって生誕し、また制定され得たなどということは殆どその不可能が論証されうるものとして、誰かそれを企てようとする者にこの困難な問題の論議を譲ることにしよう」(一四)と述べてそれ以上の詮索を回避し、真の意味での人間言語の成立の問題についてはこれを不問に付したまま論をさきに進めざるを得なかった(一五)。しかし、ヘルダーをして言わしめれば、コンディヤックが事柄を間違って説明したからといって、けっしてルソーの言うように、言語の人間的起源を証明することが不可能になるわけではない。コンディヤックとルソーの根本的な誤りは、「周知のように、前者は動物を人間たらしめ、後者は人間を動物たらしめた」(一六)ことによって、人間と動物、人間言語と動物的「自然語」の決定的な相違を正しく洞察し得なかった点にあったのである。

(三)さきの引用文においてみたように、感情の直接の叫び声は、もしそこに悟性という人間の主観的条件が付け加わらない限りはそれ自体ではけっして人間の言語とはなり得ない、とするヘルダーの主張のなかに、同時に、一八世紀当時のヨーロッパを広く支配していた合理論的言語観の立場をも読みとることができるであろう。本書二〇頁において言及されているモーペルテュイの論文(一七)を含めて、当時の合理論的言語観は、人間の言語が単に心的状態の無意識的な表出なのではなく、外的事物や内的想念を意識的に記述しようとする対象志向的な性格をそなえている、とする正当な認識を含んでいたのである。ヘルダーはこの合理論の立場のなかに、音声と観念が結合して両者の同一性が成立するためには人間精神の能動的な働きかけが必要であるという、言語成立のための主観的な契機を正しく看取していたと言ってよいであろう。

にもかかわらずヘルダーは、この理論を感覚論のそれに対すると同様の根拠によって斥けざるを得ない。なぜなら、合理論の立場は、ある言葉がある一定の意味内容をあらわすのは人間相互間の同意に基づく、とする、いわゆる「約束説《コンヴェンショナリズム》」の謬論に終ってしまうからである。つまり、人々が互いに「約束」するためには、当然そのための言語があらかじめ存在していなければならないであろう。とすれば、ここでもまたコンディヤックの推論におけると同様に、言語発生以前の言語の存在を前提するという論理的矛盾を生ぜざるを得ないのである。

(一) 第Ⅰ部訳注(9)参照。
(二) 本書四三—四四頁
(三) 本書四四頁
(四) ルソー『人間不平等起原論』(本田喜代治訳)岩波文庫 六五頁
(五) ルソー 前掲書 六八頁

（六）本書一六頁
（七）本書一七頁
（八）本書一四―一七頁
（九）本書四頁
（一〇）ちなみに、ヘルダーは一七七八年およびその翌年にわたって、世界各国の民謡を集めた„Volkslieder"『民謡』二巻を著わした。その第二版は一八〇七年、„Stimmen der Völker in Liedern"『歌謡における諸民族の声』と名をあらためて出版されたが、本書はアルニム、ブレンターノなどのドイツ浪漫派の詩人たちに多くの示唆と影響を与えることとなった
（一一）本書一九頁
（一二）本書一九頁
（一三）本書一七頁
（一四）ルソー　前掲書　七三頁
（一五）ルソーは、「自然の叫び声」から真の人間言語への徐徐の発達過程の説明にあたっては、結局人間には理解不可能な「神慮」を持ち出してこれに助けを求めざるを得なかった。この点、神がすでに完成した言語を人間に伝授したとするジュースミルヒの立場と対立するものであるが、J・グリムやM・クリューガーの説くように、両者の説をそれぞれ、言語の超越的起源論を代表する二つの形態とみなしてよいであろう。
Vgl. J. Grimm : Über den Ursprung der Sprache, in:J. Grimm, Kleinere Schriften, Bd. I, 1879², S.256-299.
M. Krüger:Der menschlich-göttliche Ursprung der Sprache, in : Wirkendes Wort, XVII, 1, 1967, S.7-8.
（一六）本書二二頁
（一七）第I部訳注（29）参照。

五

このようにして、本書におけるヘルダーの言語起源論は、人間言語の起源を神に求めることを徹頭徹尾斥けると同時に、人間と動物の間の意識構造と存在様式の本質的な相違を確認し、両者の間に截然たる一線を画すことから出発する。ヘルダーが本書のなかで「意識性《ベゾンネンハイト》」という術語で呼んでいる、自覚的反省作用を伴った人間理性は、彼によれば、動物的諸能力の単なる量的増大によって生じたものでもなく、またなんらかの超自然的な力によってそれらの上に付け加えら

れたものでもない。「意識性」としての人間理性は、いわば動物における本能に相当するところの人間的本能であって、人間が人間である限り生得的に具わっている人間固有の自然的本性であるにほかならない。(一) それゆえ、動物の存在段階と人間の存在段階との差異は較量不可能な断絶によってわけ隔てられた質的な飛躍であり、人間というこの比較を絶した生きものの出現によって自然界の「舞台は一変する」のである。(二) しかも、人間において人間の一切の心的および身体的能力として機能するこの理性本能は、「分割された、個別的に作用する力」なのではなく、「すべての力の方向」、「すべての力の仕組み全体」、あるいは「人間の感受しつつ認識し、認識しつつ意欲する働き全体」である。(三) ヘルダーは、理性をこのように人間身心の統一ある働きの全体としてとらえると同時に、この理性の基体である「人間の魂」をもまた「分割されない、全一な魂」と呼ぶ。(四) 言いかえれば、人間理性は、この「全一な魂」そのものの動態にほかならないのである。

ところで、ヘルダーによれば、言語とはそのような人間理性が存立しうるための唯一必須の条件である。言語とは「理性の感官」(五) なのであって、そして、理性はもっぱら言語というこの自己固有の感官を使用することによってのみ存立し、作用し得るのであるから、従って理性は、その存在の最初の瞬間から言語を創造し、言語と同時的に存在せざるを得ない、とされるのである。すなわち、人間理性の本性そのものが必然的に言語との相即性を要求するのであり、事実また、人間の全身心はひたすら言語のために組み立てられ、方向づけられた「徹頭徹尾言語のための組織」(六) なのである。

「それゆえ、言語の発明は人間にとって、彼が人間であることと同様全く自然なことである!(七)」言うまでもなくヘルダーは、従来の人間学において考えられていた人間の諸能力のほかに、さらに何らかの特殊な能力を案出してそれらの上に付加しているわけではない。『理性即言語《ラチオエトオラチオ》』の定式によって人間理性の本性を新たに規定しなおし、よって、人間そのものの概念を再構成したにすぎないのである。

言語が発明されていく過程については、ヘルダーがたとえば本書三八頁以下において、人間が羊をその鳴声の特徴によって命名する例をとりあげて詳しく説明しているところであるが、一般に、言語の形成にあたって最も中枢的な役割を果たすのは人間の聴覚であるとされる。理性は、それが存在する最初の瞬間から外的対象の認識に努めており、対象を際立たせる特徴をつかもうとして意識を働かせつつこれと関わり合っている。その場合、ある対象から発せられる対象特有の音声が、理性にとってその対象を識別する最も顕著な「しるし」（標徴）となるのであって、この音声的な「しるし」が聴覚を通して人間の魂の襞《ひだ》に食いこみ、「内面的なしるし語」（八）として刻印されるのである。

「意識作用におけるこの最初のしるしが魂の言葉であった！　この魂の言葉とともに人間の言葉が発明されたのである！」（九）

こうして、たとえば羊は「メーメーと鳴くもの」（傍点引用者）として命名されていくのであるが、このように、対象の特徴をとらえた「しるし語」がひとたび人間の「魂の言葉」となってしまうと、以後たとえこの鳴声が実際に発せられず、あるいは羊が実際に眼前にいない場合でも、この「魂の言葉」によって、常に羊をそのあるがままの形像において自由に表象することが可能となる。

ところで聴覚はまた、人間が言語を形成するための最も中枢的な感官であると同時に、諸感官の中間にあって、これらの働きを相互に仲介する「中間の感官」（一〇）でもある。たとえば触覚は、一層精妙な諸感官がそこから分枝となって派生する諸感官の「幹」ではあるが、それ自体としては「もうろうとした眠り」のなかにある。（一一）また視覚は、一どきに多数の事物を、しかも余りにも冷徹で明瞭に見るがゆえに、かえって対象の特徴をとらえることを困難にし、認識活動を混乱させる。これに対して聴覚の方は、対象の特徴をとらえる際の分明さの度合においても、印象の強度においても、あるいは発生学的な順序から言っても、両者の中間に位置してこれらを統括するところの「その他の諸感官の結合紐帯」（一二）である。そして、聴覚がそのような統括的感官として「魂に通ずる本来の扉」(一三)であり、魂に最も近い位置を占める感官であるという事実から、人間が響きを発しない対象を認識し、これに名称を与えようとする場合にも、響きを発する対象の場合と全く同一の原理が妥当することとなる。すなわち、外的対象について触覚や視覚などの聴覚以外の感官によって識別されたどのような特徴も、すべて聴覚的な「しるし語」となって魂に銘記されるからである。こうして言語は、もっぱら聴覚を通じて形成され、聴覚によって魂の「辞書」が増大していく。それゆえヘルダーは、言語を「理性の感官」と呼ぶのと同じ意味において、聴覚を「言語の感官」(一四)と呼ぶのである。

言語がその本質上聴覚を中心とする対象の音声的模写である、とする右のようなヘルダーの立論からして、対象の具象的な音声や動性を活写した、原初的な動詞がまず最初に発生し、しかるのち、この原初的な動詞から概念語としての名詞その他の品詞が派生した、とする彼の主張(一五)もまた容易に首肯され得るであろう。

すでに明らかなように、ヘルダーの人間学においては、人間の感性はすでにそれ自体理性的な感性であり、理性もまた、感性とは別個の次元において働く超感性的な能力なのではない。人間の身体組織自体が理性と感性との不可分の有機的統一体として、すでに一個の理性的な身体組織なのである。従って、ヘルダーが言語は「理性の感官」であると言うとき、言語とは、そのような理性的身体組織としての人間の全存在がこれに依拠しているところの、人間の本質そのものを構成する器官であることを意味する。プラトン、アリストテレスの古代哲学からベーコン、デカルト、ライプニッツの近世哲学にいたるまで、言語が概して人間悟性の認識機関(一六)(オルガノン)としての論理学の範疇で考察されてきたのに対し、ヘルダーにあっては、言語は単なる悟性認識の道具以上のものであり、逆に、言語こそ「人間の認識全体に限界と輪郭を与えるもの」(一七)として、人間の全精神活動を規定する本質要素とみなされているのである。

しかし、悟性と感情、あるいは理性と感性が一つの有機的全体へと統一されたそのような綜合的人間像は、必ずしもヘルダーが彼の著作活動の初めから自明のものとして抱懐していたものではなかった。ヘルダーはケーニヒスベルク大学時代、カントを通じてルソーの著作に接し、原始時代の人間が次第に理性を身につけ文化にむかって歩を踏み出したとき、自然状態のなかで保たれていた人間の根源的善性を失い始めた、と説くルソーの文化批判的思想から多大の影響を受けていた。たとえば、H・D・イルムシャーは、「ルソーが若きヘルダーに及ぼしていた影響は、これを十分に評価し尽くすことは殆どできない」と述べ、特にシュトラースブルク時代に書かれた本書に対するルソーの思想的影響を強調しているが、（一八）事実、若きヘルダーにとってはルソーにおけると同様に、理性と感性は互いに排斥しあう「人間精神の両極」（一九）として映っており、一方の発達は必然的に他方の犠牲において成り立つものと考えられていたのである。

しかし、ルソーの文化批判に対する共感と同時に、ヘルダーがこれを再批判し、ルソーにおけるペシミスチックな歴史観と分裂的な人間像を克服しようと努めていたこともまた明らかである。すなわちヘルダーは、ルソー的な歴史解釈が、現在および未来に対する人類の期待や信念を減殺してしまうという危険性をはらんでいること、そして、もはや実在せず、また実在したこともなかった人類の自然状態を賛美するのは、現在という時《とき》の空しい浪費であること、逆に、人類はそのあらゆる時代において各時代固有の幸福感を持ち得るものであること、を洞察するのである。それゆえ、現代人にとって真に必要なことは、未開人や自然人に対するいたずらな郷愁ではなく、われわれがいま眼前に見る「この啓蒙され、教化され、繊細で、理性的で、教養があり、有徳で、快楽的な人間」を積極的に自らに引き受けることであって、「ほかならぬこの人間こそ、神がわれわれの文化段階において要請し給うところの人間である」旨を、ヘルダーはすでに本書に先立つ『批評の森』のなかで説いているのである。（二〇）

ルソーの歴史観に対する批判とともに、理性と感性との二律背反的関係を前提とする彼の人間観もまた、ヘルダーにとって次第に疑わしいものとして映りつつあったことは当然であろう。一七六八年四月、ハーマン宛の書簡のなかで、ヘルダーは次のように心中を披瀝している。

「善悪の知恵の樹とは、そもそもそれは一体何でしょうか。人間が自らの制約を乗り越えて自己を拡大し、知識を蒐集し、見知らぬ果実を味わい、他の被造物たちを見習い、理性を高め、彼自身が一切の本能、一切の享楽の集積点となろうと欲し、（もはや動物ではなく）あたかも神のように存在し知恵を持つことは、人間が自らに引き受けた冒険なので（二一）す。」

ここには、ルソーの意味における人間の「動物以下」への頽落（二二）の事実を、積極的・肯定的な意味において把握しなおそうとするヘルダーの姿勢がはっきりと読みとられるであろう。理性と感性との背反関係を示唆する表現は本書においてもなお随所に見受けられはするが、しかしヘルダーは、もはや人間を自然的本能を失った「変質した動物（二三）」として否定的に評価するのではない。なるほど人間は、他の動物たちのように「自然の直接の所産」として自然の腕の中に抱かれている「過つことのない機械（二四）」ではない。従って、動物たちにあっては自然によって生得的に与えられているあの本能の確かさも鋭さも持ち合わせてはいない。が、人間にはそうした欠陥や弱点の補償として、理性という人間的本能が与えられている。たとえば蜜蜂は、その生得の本能の導きによってあらかじめ生存のための技巧を具備しており、生まれながらにしてすでに完成した生きものとして、巣を作り蜜を集める術を知っている。これに較べれば、人間はあたかも自然の捨子であるかのように、寄る辺なく、か弱く、惨めな生きものであると言わねばならないであろう。しかし、蜜蜂は死ぬまで地上の限られた一点に付着し、いささかの変化も発展もない生活形式を反復するのに対し、人間は自然の唯一の賜物である理性によって、「より広い展望」と「より多くの明晰さ」を獲得し、そして何よりもまず「自由という特権」を獲得することによって欲するがままに自己を創造し実現していくという、無限の可能性をはらんだ生きものである。人間における理性本能は、その本性からして必然的に自由の本能なのである。(二五)と同時にヘルダーは、この「自由という特権」がいかに多くの危険に満ちたものであるかを強調することも忘れない。

「全宇宙のなかで、いわばひとりぼっちで、何の拠り所もなく、一切に対して何ものからも安全を保証されず、自己の力によってはなおさら救いようもない人間は、屈服するか、一切を支配するかのほかはなく、いかなる動物も持つことのできない叡智の術策によって、一切をひとり占めするか、のたれ死ぬかのほかはないのである。無たるか、しからずんば悟性によって生物の王たれ！　破滅するか、しからずんば言語を創造せよ！」(二六)

人間は、単に一介の動物として生存を全うしようとするだけでも、外界からの限りない危険や脅威のなかにさらされている。まして彼に課された自己実現の使命は、けっして完結をみることのない創造活動の過程そのものである。従って、「人間生命の本質的な点は、けっして安逸ではなく、常に進歩であり、われわれは最後まで生きとおしてしまうまでは、けっして人間として生きたとは言えない」(二七)のである。

ヘルダーにおける人間学的言語観は、このように理性と感性との間の裂け目を縫合されて、全一的で、しかも自由な存在として規定された人間像の前提の上に成り立つものである。確かに本書においてもなおヘルダーは、たとえば、「自己の魂を自己の肉体同様に、まだ完全な一個として感じている原始的な自然人」(二八)とか、あるいは、「言語は、それが生き生きとしていればいるほど、その起源に近ければ近いほど、一層可変的であり、……若若しくしなやかになり得る」(二九)などの表現にみられるように、人間が自然と一体的に結ばれて生きている度合が強ければ強いほど、それだけ一層魂の全一性と刀強さを保持しており、彼の言語もまたそれだけ一層発展性に富んだ弾力性を具えている、とする信念を捨ててはいない。そこには、かつて『断章』(三〇)のなかで「言語の年齢」について論じた際のように、もっぱら概念の明晰さを旨とする、無味乾燥な散文の段階にまで老齢化した近代言語や近代文学、ひいては啓蒙主義的・合理主義的な時代思潮一般に対する、ヘルダーの厳しい批判精神が伺われるであろう。しかしルソーの場合と異なって、ヘルダーは、いわゆる「自然人」のなかに前人間的な「獣人」を想定するのではなく、すでに理性を、従って同時に言語を所有することによって「悟性によって感受し、考えることによって話す」(三一)という、動物的存在段階からはっきりと区別された、完成された人間を認めているのである。ルソーが、人間が自己を人間として完成すべく彼の内部に潜在的に所有している能力を人間の「自己完成の能力」と呼び、しかし同時にこの能力を「人間の不幸の一切の源泉」(三二)となる「無制限の能力」として評価するところのものは、ヘルダーの人間学にあっては、人間の生誕の最初の瞬間から目ざめて活動している能力であり、人間をして人間たらしめる最も本質的な契機として肯定的に評価されているのである。

さて、本書第Ⅱ部は、学士院の提出した論題の後半部に対応して、形式の上では一応「いかなる過程を経て人間は最も適切に言語を創造することができるか」云々という標題を付されているが、論題全体に対するヘルダーの解答は、実質上第Ⅰ部においてすべて述べ尽くされていると言ってよいであろう。ヘルダーが本書の末尾で、「筆者は……学士院の命ずるところに反して、いかなる仮説も提供せず」、かえって「確固たる学問的真理」を証明することに努めた、と自負しているように、第Ⅱ部の内容は、すべて第Ⅰ部において提起された基本原理を一層詳密に根拠づけ、かつこれを敷衍することを目的としている。特にヘルダーがここで強調する点は、人類および人類言語における歴史的・発展的性格ということであり、ここでもまた、言語の起源を神に求める、いわゆる言語神授説の非歴史的な言語観に対して激しい論難を加えている。

人間が、個としては自らの危険において自己を実現する唯一の自由な生きものであるばかりでなく、さらに、家族という連鎖の一環、あるいは民族という連鎖の一環として人類普遍の歴史形成の作業に参加しているという、この全被造物のもとに類例をみない特異の天性もまたヘルダーによれば、もっぱら人間が言語を使用する言語動物であるという一事に帰着する。人類においては、「いかなる個個人も単独で存在するのではない。彼は種族という全体のなかに組みこまれている。彼は発展し続ける連続体のための一個にすぎない」(三三)のであって、一つの世代が自然から学びとった精神的財産は、教育によって次の世代に伝授され、この世代がさらにその上に財産を付加して再び後に来る世代へと引き渡す。こうして親が子のために、一つの世代が次の世代のために遺産を手渡していくことが、とりもなおさず人類が「自然に対して借りを返済していく」ことになる。(三四)そして、親から子、世代から世代へのこのような財産の遺贈と、財産目録の不断の増大は、そのまま人類言語の「辞書」の継続的な形成と発展を意味しているのである。

ヘルダーもまた、人間の言語が神的なものであることをけっして否定しているのではない。ただし、人間の言語が神的であるゆえんは、それが神の似像《すがた》たる人間の魂の創造物であるからにほかならない。言語そのものが「神の業」として与えられたのではなく、あたかも神の世界創造の業にも似て、自らの力で言語を創造し、歴史を形成していく、この人間の魂こそ唯一の「神の業」なのである。

「それゆえ、言語の起源は、それが人間的なものである限りにおいてのみ、真正な意味で神的なものとなるのである。」(三五)

(一) 本書三〇頁
(二) 本書二五頁
(三) 本書三〇、三三頁
(四) 本書三二頁
(五) 本書一七一頁
(六) 本書八一頁
(七) 本書三七頁
(八) 本書四〇頁
(九) 本書三八頁
(一〇) 本書七五頁
(一一) 本書八〇頁
(一二) 本書七五頁
(一三) 本書七五頁
(一四) 本書七七頁
(一五) 本書五九頁以下および一〇〇頁以下。
(一六) Vgl. E. Heintel: Sprachphilosophie, in:

Deutsche Philologie im Aufriß, I, 1956², Spalte 583 ff.

（一七） Suphan, Band II, S.17.（以下本書以外のヘルダーの著作からの引用はすべてズーファン版により、上記のように記す。）

（一八） H.D. Irmscher : Nachwort zu : J. G. Herder, Abhandlung über den Ursprung der Sprache, Universal-Bibliothek Nr. 8729/30, 1966, S. 145 ff.

（一九） Suphan, Band IV, S.24, XXXII, S.73.

（二〇） Suphan, a.a.O. S.364f.

（二一） Zitiert nach H.D. Irmscher:a. a. O. S.148.

（二二） ルソー　前掲書　五九頁

（二三） ルソー　前掲書　五三頁

（二四） 本書三〇頁

（二五） 本書三〇頁

（二六） 本書一二一頁

（二七） 本書一一六頁

（二八） 本書一二三頁

（二九） 本書一四六頁

（三〇） „Roman von den Lebensaltern einer Sprache“, Suphan, Band II, S.147ff.

（三一） 本書一一八頁

（三二） ルソー　前掲書　五九頁以下。

（三三） 本書一三四―一三五頁

（三四） 本書一三四頁

（三五） 本書一七一頁

六

ヘルダーがシュトラースブルク時代に若きゲーテにおよぼした影響、あるいは、ハーマンとならんでシュトゥルム・ウント・ドラングの理論家の役割を果たしたこと、さらには、ドイツ古典主義および浪漫主義の先駆者として、文化の広大な領域にわたって多大の思想的影響を与えたこと、等々の点についてはその方面の関係著書を参照願うこととして、ここでは触れない。ただ、本書が直接・間接のかたちで後代におよぼした影響について簡単に述べておくことは、言語学史上に占める本書の位置ないしは意義を理解するうえで是非とも必要なことであろう。

まずO・イェスペルセンは、その著『言語。その本質、発達、および起源』(一)のなかで、十八世紀における言語学が、総じて科学的実証性を欠いた「机上の空論」に終始したと断言する。ヘルダーについても同様に、「彼は科学的と銘打つべき仕事を殆どなしておらず」、「ヘルダーが言語学史におよぼした影響は、その言語起源に関する論文から直接に来たというよりも、寧ろ彼の生涯の事業を通じて間接に働いているといった方がよい」と述べて、科学的言語学の論文としての本書の意義に対する評価は、(正当にも) かなり厳しい。しかし同時にイェスペルセンは、当時の言語起源をめぐるさまざまな理論のなかで、ヘルダーの業績がコンディヤック、ルソーのそれよりも格段に優れたものであることを認めて、「この言語起源の問題に関し、十八世紀において最深遠な考えに達したものはヨーハン・ゴットフリート・ヘルダーである」と明言し、さらに、本書が「言語学の勃興に一つの力強い原動力を添え」、「次の世代の言語研究者をはげまし起たせた」功績を高く評価している。(二)

また、E・ハインテルは、論文『ヘルダーと言語』(三)のなかで、言語の問題はヘルダーにおいてかつてヨーロッパの思想史上に類例をみなかったほどに強力で包括的な省察の対象となったこと、にもかかわらずヘルダーの言語哲学上の思想が必ずしも一義的で決定的な学説とはなり得なかったのは、その原因が、文筆家としてのヘルダーに体系的な思想を展開するための方法論が欠けていたことと併せて、事柄そのものの根底にひそむ問題の困難さにあったことを指摘している。しかしまたハインテルによれば、ヘルダーによって提起された言語哲学上の数かずの根本問題は、これまでしばしば土砂に埋もれて見失われがちであったにせよ、依然として今日の言語哲学にとっての尽きぬ源泉たることを失わないのである。(四)イェスペルセンの場合とはむしろ逆に、ハインテルは、本書『言語起源論』が個別科学としての言語学の観点からではなく、その言語哲学的主題の観点から考察されるとき初めて重要な意義を帯びてくるものであることを強調している。(五)

その他、たとえばV・M・ジルムンスキーは、本書における数多くの謬見にもかかわらず、ヘルダーが近代の「歴史的言語理論の元祖」であったことを認めているが、(六)以下、本書出版後のドイツにおけるさまざまの評価と反響に関して、それら歴史的具体例のいくつかを拾って紹介しておこう。

まず、本書が公けにされた直後、ヘルダーの師父とも言うべきハーマンが一連の論文を著わし、(七)ヘルダーは言語の唯一にして真なる神的起源を証明しなかったばかりでなく、単に言語の動物的起源を証明したにすぎず、結局、彼が企図した人間的起源の証明という本来の目的すら逸してしまっている、として本書の内容に対して痛烈な反論を加えた。神秘的な宗教感情を持ったキリスト教徒ハーマンにとっては、ヘルダーが本書のなかで企図したような、自己の本質を自由に創造し決定するという自己完結的な人間像は到底受けいれ難いものだったのである。従って言語もまた、ハーマンにおいては、けっして人間生得の自然的ないい器官なのではなく、神の語りかけに対する人間の内向的な応答の形式としての神の言語であり、神と人間の人格的な交わりのなかに組みこまれた霊的媒体として把握されていたのである。もっとも、ハーマンのこの激しいヘルダー批判には、単に言語に対する理論的立場の相違だけではなく、言語起源の問題については、自分がヘルダーの先輩でもあり師でもあるという自負と、後輩ヘルダーの受賞に対する嫉妬がその因をなしていたことは事実である。

これに対してヘルダーは、一七七二年七月、ニコライ宛の書簡のなかで、(八)言語起源に関する自分の見解は、根底においてはハーマンのそれといささかも異なるところがない、と語っており、この点、本書を一読したものにとってはいささか奇異の念を禁じ得ないものがある。が、これをもってハーマンに対するヘルダーの根拠のない譲歩とか、あるいは彼自身の唐突な変節と解するのは当らないであろう。なるほどヘルダーは、彼にとっての「ソクラテス」であり、「誠実な、最愛の、永遠の友」であるハーマンとの敵対関係を解消することを熱望したには相違ないが、しかし、すでに触れておいたように、ヘルダーにおいても人間の魂は「神の業」であり、自然もまた、あたかもそこから神が自己を啓示するかのようにその「響き」によって自らを語りかけてくる「神的な自然」(九)であった。ヘルダーは、人間の魂がこの「神的な自然」の語りかけによって覚醒され、言語を創造し、歴史と文化を形成していく過程のなかに、いわば神の世界創造事業の継続をみているのである。従って、自分の見解がハーマンのそれと同一のものである、と言うヘルダーの言葉は、それなりに十分の正当性を主張し得るものであって、単なる無定見や無節操のあらわれとして批判さるべきではない。

にもかかわらず、少なくとも本書に関する限り、啓示というキリスト教信仰の厳然たる事実に依って立つハーマンの黙示録的な言語観に対して、ヘルダーのそれがあくまでも人間本位の、人間学的な言語哲学であって、両者の間にはやはり埋め合わせの不可能な本質的な断絶のあることを認めないわけにはいかないであろう。

本書が世に出ておよそ半世紀ののち、ヘルダーが種子を蒔いた言語哲学の根本思想を学的水準にまで高め開花させたのは、W・フォン・フンボルト(Wilhelm von Humboldt, 1767-1835)であった。近代言語哲学および比較言語学の定礎者としてのこのフンボルトが、本書で展開されているようなヘルダーの言語理論から事実上何らかの示唆を受けているか否かの点については種々の判断があり、たとえばH・シュタインタール(一〇)の場合のように、これをはっきり否定する説もないではない。しかし『フンボルト伝』(一八五六)についで大著『ヘルダー伝』二巻(一八八〇—一八五)を著わしたR・ハイムは、この点に関して、フンボルトの見解は、ヘルダーが詩人的直観によってとらえた洞察を醇化し、精密化し、あるいは立証したものにほかならないと説き(一一)、

「彼は言語の本性を論ずるにあたって、完全にヘルダーに依拠していた。彼はヘルダーの根本思想を反復しているのである。彼においても、人間は『思考を音と結びつけつつ歌う生きもの』であり、彼においても言語は『人間を人間として特徴づける素質の自然的な発達』、すなわち『理性本能の所産』である。しかも、彼においてもまた理性本能は、

魂の個別的な力ではなく、一定方向にむかって働く人間本性の全体なのである」(一二)と述べて、両者の人間学的言語観の緊密不可分の連関を主張している。ちなみに、「人間はもっぱら言語によってのみ人間である。しかし、言語を発明するためには、人間はすでに人間であらねばならないであろう」(一三)という一文は、フンボルト自身が彼の論文中で述べている言葉であるが、これこそヘルダーが、本書において言わんとしていることの眼目でもあったのである。

ハイムはさらに続けて、ヘルダー以後の言語研究は、経験的観察の素材の増大と言語現象一般に対する視圏の拡大によって長足の進歩を遂げたものの、

「しかし彼がこのような経験的基盤なしに、天才的な直観の能力と生き生きとした総合の能力によって解明の本質的契機を確実にとらえ得たということは、ヘルダーの栄誉を一層倍加するだけである。」

と述べて、言語学史上におけるヘルダーの先駆者的意義を賞賛している。(一四)

一八五〇年、F・W・シェリング(Friedrich Wilhelm Schelling, 1775-1854) は、かつてヘルダーに賞を授けた当のベルリン学士院で、言語の起源をめぐるこの古くして新しい問題について、いま一度広く朝野の卓説を求めることを提案した。そしてシェリング自身は『言語起源の問題に関する序説』(一五)と題した小論を講演するだけにとどまったが、代って翌一八五一年、J・グリム(Jacob Grimm, 1785-1863)が当学士院において、『言語の起源に関して』(一六)と題する講演をおこなうこととなった。

そしてグリムもまたこの講演のなかで、ヘルダーがこの問題について与えた解答は依然として正当性を失っていないことを認め、言語の神的起源および動物的起源を否定して人間のみによる人間的起源を主張することにおいて、ヘルダーの見解に完全な同意を示している。ただしグリムは、言語起源の問題が、もちろんヘルダーの時代におけるとは異なった根拠と観点に基づいて提起され、かつ究明されるべきことを指摘している。すなわち、言語の「起源」の概念はグリムに

おける経験的・実証的科学としての言語学の立場から、言語の起源=諸言語の祖語、という等式によって規定されているのであって、すでにヘルダーにおけるような哲学的な問題提起は、前科学時代の応急的・暫定的な方法論とみなされているのである。

さらに最近にいたっては、哲学者および社会学者であるA・ゲーレン（Arnold Gehlen, 1903-）がその著『人間』（一九四〇）において、本書において展開されたヘルダーの人間学を全面的に是認してこれを継承している。ヘルダーが本書で繰り返し強調しているように、ゲーレンにおいてもまた、人間は他の動物のような強靱で確実な本能を欠いており、従って、他の動物とは本来的に異なった存在様式を与えられた生きものである。人間は、生物学的見地からみた生存の諸条件の欠如のゆえに、必然的に人為的技巧の動物たらざるを得ず、言語もまた、人間のそのような生物学的欠陥の代償として与えられている不可欠の生存手段である。さらに、これまたヘルダーが繰り返し強調するように、人間は生まれながらに危険のなかで生きており、対象世界に対する創造的な関与において自らの潜在的可能性を発現させ、自己自身を決定していくのである。（一七）

「哲学的人間学はヘルダー以来一歩たりとも進歩していない」とゲーレンは言う。しかしゲーレンによれば、「それはなんら進歩を要しない」のである。なぜなら、現代における人間学は、かつてヘルダーが展開したそれと図式において全く同一のものであり、そして「この図式は真理なのだからである。（一八）」ゲーレンにおける右のようなヘルダー評価は、ヘルダーが今日においてもなお尽きぬ生命を保ち続けている、生ける思想家であることの一つの証左と言い得るであろう。

本書執筆のあと翌一七七一年、ヘルダーは低ザクセン地方の一伯爵領の招きによって小都市ビュッケブルクに移り、宮廷説教師として、以後数年間この地に滞在することとなった。文筆のみでは生活の独立が困難であった当時のドイツ文壇一般の例にもれず、彼もまたこの一小啓蒙君主の「お抱え」として仕えることを余儀なくされたのであった。その間、文学的素養もあり、ヘルダーの熱狂的な崇拝者でもあったカロリーネ・フラックスラントと結婚しているが、結局、周囲にも自分自身にも満足を見出せず、精神的には索漠として孤独な期間であった。

しかし、一七七六年、ゲーテの尽力によってワイマル公国の（宗務）管区総監督の地位を得てこの地に移住して以後、ヘルダーは宗教者、学者、あるいは評論家として活躍し、数々の偉大な著作を世に贈ることとなった。ゲーテとの交友関係は、最初から必ずしも順調とばかりは言えず、むしろ絶えず緊張をはらんだものであったが、ともかく、八十年代にはゲーテとともにスピノザの研究もしており、両者はともにこの頃から、シュトゥルム・ウント・ドラングの極端な個人主義と主観主義から離れていった。

一七八四年から九一年にわたって、ヘルダーはかねてから構想をあたためていた、規模雄大な人類文化史『人類歴史哲学考』（未完）を著わした。それは無機的自然状態から説きおこし、やがて生命が誕生し、諸民族が自然と渾然一体をなして不断の前進を続け、古代を経て中世に到るまでの長大な過程を描きながら、人類史におけるそのような意識的な発展進歩の究極目標が、結局、「人間性《フマニテート》」という人類全体の普遍理念の達成にあることを謳ったものである。また、未完に終った右の大著の補完の意味を含めた『人間性促進のための書簡』（一七九三―九七）は、フランス大革命の偉業に感銘を受けたヘルダーが、歴史の一大転回点に直面した自らの時代の状況と使命を彼の「人間性」の理念によって規定しようと試みたものであったが、その内容は執筆年代の推移とともにきわめて多方面にわたっている。そこにはワイマル文化理念の精髄と相会する多くの思想もみられはするが、同時に、ヘルダーにおける「人間性」の理念はきわめて倫理的性格の強いものであり、ワイマル古典主義作家たちの形式美、とりわけゲーテにおける美的無道徳性に対する直接の激しい論難も含まれている。

古典主義文学に対する右のような批判とともに、カントを主峰とする当時のドイツ観念論哲学に対するヘルダーの批判は、本書『言語起源論』との関係から特に注目さるべきものである。『純粋理性批判の再批判《メタクリティーク》』(一七九九)および『カリゴーネ』(一八〇〇)は、それぞれカントの認識論および美学(『判断力批判』)に対するヘルダーの論争の書であって、ヘルダーはここで、本来不可分の全体である人間の意識を個別的な「諸能力」に分解し、あるいは、対象世界を「現象」と「物自体」の世界に両断したカントの非生命的な形式主義に対して真向から対立している。ヘルダーによれば、一切の経験を排除した「純粋な理性」や「ある種のアプリオリな認識」などの用語は、内容空虚な「言葉だけの空財布」であり、人間理性の本性をわきまえない「言葉の忌わしい濫用」であって、「理性の批判」とは、結局、「人間の認識能力の生理学」に解消されるべき性質の事柄である。(一九) そして、およそ経験から孤立した認識が不可能であるのと同様に、言語を排除した思考活動も全く不可能である。かつてギリシア人たちが、理性と言葉をともに「ロゴス」の一語をもって表現していたように、人間はただ彼の言語において、言語によってのみ思考することができる。「思考するとは何か。内面的に話すことである。……話すとは音声によって思考することである」(二〇)。「従って」、ヘルダーにおいてはひっきょう「形而上学は人間言語の哲学となる」(二一)のである。

E・ハインテルは前掲の論文『ヘルダーと言語』のなかで、カントの先験的哲学に対するヘルダーのはなはだしい誤解や理解不足についてはこれを鋭く批判しながらも、カント哲学における先験的な反省が、根底において言語に対する反省の問題に還元されることをヘルダーは正しく指摘したと述べ、カントが総じて言語の問題を無視し、批判的考察の対象としなかった限りでは、ヘルダーの反論が十分に正当なものであったことを認めている。(二二)

こうしてヘルダーは、彼がケーニヒスベルク大学時代以来崇拝していた恩師カントに対して、公然と、しかもきわめて辛辣なやり方で攻撃を加えることになった。この論争の裏にはまた、カントがさきの『人類歴史哲学考』に対して手きびしい論評を加えて（一七八五）以来の、ヘルダーの個人的な怨恨も加わってその因をなしていたことは確かである。しかし、カントおよびカント一派の「先験的観念論」に対するヘルダーのこうした激しい論難が、彼の、あくまで歴史的・発生学的な人間学の立場から帰結される当然の結論であって、単なる個人的な感情問題以上の論難であったことは、それ以上に確かなことであろう（二三）。

文化の都ワイマルにあって宗教部門の最高の要職につき、著述活動によって名声を博し、しかも一八〇二年には貴族の席に列せられるなど、数々の栄誉を手中にしながらも、しかしヘルダーは、けっして満足した心安らかな生涯を閉じたというわけではない。カント（一派）に対する論争もその一例であるが、公務の上では教会、および太公自身との間にたびたび意見の衝突を起こし、また交友関係においても、『書簡』『カリゴーネ』などによってゲーテ、シラーを公然と批判して彼等との間に深い溝が生じるなど、晩年の生活はますます苦渋に満ちたものとなった。周囲とのこうした軋轢や仲違いには、かたくなで情熱的という、彼自身の性格上の異常性も多分にあずかって働いていたことは否定できないが、ともかく彼の主観からすれば、自分の思想が世間の理解するところとはならず、「いまの時世」からは見放されているという遺恨を抱いたまま、一八〇三年一二月、ヘルダーはここワイマルの地で六十九年の生涯を閉じたのである。

（一）O. Jespersen : Language, its Nature, Development and Origin, 1922.（市河・神保訳　昭和二年　岩波書店）

（二）イェスペルセン　前掲書　一七―二三頁

（三）E. Heintel : Nachwort zu : J. G. Herder, Sprachphilosophische Schriften, Philosophische Bibliothek Bd. 248, 1960.

（四）E. Heintel : a. a. O.　S. XV–XVIII.

（五）E. Heintel : a. a. O.　S. XIV.

（六）V. M. Schirmunski : J. G. Herder, Hauptlinien seines Schaffens, 1963, S. 38.

（七）J. G. Hamann : Des Ritters von Rosenkreuz letzte Willensmeinung über den göttlichen und menschlichen Ursprung der Sprache, 1772, und : Philologische Einfälle und Zweifel über eine akademische Preisschrift, 1774.

なお本解説二〇九―二一〇頁参照。

（八） Zitiert nach R. Haym : Herder, 2Bde., Aufbau-Vlg. 1954, Bd. 2, S. 527f.

（九） 本書五七頁

（一〇） Vgl. H, Steinthal : Der Ursprung der Sprache, 1884, S. 10.

（一一） R. Haym : Humboldt, 1856, S. 494.

（一二） R. Haym : a. a. O. S. 436.

（一三） W. v. Humboldt : Werke, 5 Bde., hrsg. v. A. Flinter/K. Giel, 1963, Bd. 3, S. 11.

（一四） R. Haym: a. a. O. S. 436f.

（一五） F. W. Schelling : Vorbemerkungen über den Ursprung der Sprache, Akademierede, 1850.

（一六） J. Grimm : Über den Ursprung der Sprache, in : J. Grimm, Kleinere Schriften, Bd. I, 1879, S. 256-299.

（一七） A. Gehlen : Der Mensch, Seine Natur und seine Stellung in der Welt, 1940, S. 10-26.

（一八） A. Gehlen : a. a. O. S. 79.

（一九） Suphan, Band XXXI, S. 41, 101.

（二〇） Suphan, a. a. O. S. 81.

（二一） Suphan, a. a. O. S. 25.

（二二） E. Heintel : a. a. O. S. XXXVII.

（二三） しかしまたハインテルによれば、ヘルダーが理性と言語を両者の相即性においてとらえることによって言語哲学の核心に迫りながらも、なお絶えず経験的個別科学としての言語学との間で動揺していたのは、彼の言語理論においても支配的であったこの歴史的・発生学的な発想と方法論のゆえであった。（Vgl. E. Heintel: a. a. O. S. XIXf.）

訳者あとがき

大阪大学ドイツ近代文学研究会も発足以来すでに六年目を迎えた。「ひとりではむずかしくて手に負えぬ作品や論文を一緒に読んでみよう」といった至って素朴な趣旨で週一度の輪読会を始めたわれわれは、やがて訳出した原稿が増すにつれて、その成果のいくつかを公の利用にも供したいというねがいを持つようになった。

このたび三光長治、吉田仙太郎両氏のお世話と法政大学出版局の稲義人氏の御好意により、本訳書を公にする機会を得たことはわれわれにとってこの上ない喜びである。これらのかたがたにあらためて深く感謝の意を表したい。

いままでは一般に言語学史上の単なる一足跡とみなされがちなヘルダーの『言語起源論』が、言語問題の再検討が云々されている現今、「人間の言語」についての再考に何らかの示唆を与える機縁となれば幸いである。本書をわれわれが輪読会のテキストとして用いたのは、昭和四四年七月から昭和四五年六月に至る時期である。それはちょうど「大学紛争」の波に大きくゆさぶられていた一年間であった。研究室封鎖による障害、封鎖解除・授業再開に伴うあわただしさによって、輪読会は絶えず所を変え、またしばしば中止せざるをえなかった。さほど大著でもない本書の読了に意外なほどの長い期間を要したのはそのためである。

このたびの上梓に際しては、訳文の推敲・訳注・解説をそれぞれが分担し、各担当者が独自に仕事をすすめると同時に、参加者全員によって訳文全体を再度原典と照合し、以前気づかなかった誤訳等の除去に極力努めた。訳出の方針としては、ヘルダー独特の文体に固執するよりも、むしろ日本語としてできる限り読みやすいものとするように試みたつもりである。しかし、われわれの至らなさはさることながら、原文の難解さのために、なお十分に意を尽せなかった個所も多いことと懸念される。識者の御叱正を賜わらんことをお願いしたい。

なお、本書の訳出にあたって使用した原典としてはズーファン版 J. G. Herder, Sämtliche Werke V, hrsg. von Bernhard Suphan, Georg Olms Verlagsbuchhandlung, Hildesheim 1967に準拠したが、訳書にみられる次の諸点は、読みやすくするという方針に従い、われわれの考えによって勝手に試みたものであることを申し添えたい。
一、原典にはない章わけを第Ⅱ部で試みた。
一、目次にみられる各章題は原典にはないものであるが、各章の内容を端的に説明すると思われる一文を本文中から選んで章題として用いた。
一、原注は＊印を付し、本文中で各文節の最後に配した。
一、原典で隔字体で示された個所は、訳文では適宜、鉤括弧乃至傍点を付して示した。ただし、訳文の上ですでに原著者の意が十分表現されていると思われる所では、そのいずれの符号をも割愛した。

また、固有名詞の仮名書きに関しては、たとえばホメーロス、プローテウスを敢えて長音記号を付さずホメロス、プロテウスとしたように、全体としてわれわれ日本人に親しまれている表わし方を用いた。

索引には固有名詞以外に、ヘルダーの言語観理解の上で重要と思われる事項を若干加えた。

各担当者は次のとおりである。

〔訳文推敲・索引〕田中美英子、平田達治、溝辺敬一、吉田正勝

〔訳注〕石川実、中村元保

〔解説〕波田節夫、山本実

昭和四六年五月

索　　　引

—サ行—

—タ行—

—ナ行—

—ハ行—

参考文献

訳注・解説のため特に参考
にしたもののみをあげる。

Johann Gottfried Herder : Abhandlung über den Ursprung der Sprache, hrsg. von Hans Dietrich Irmscher. Reclam, 1966.

R. Haym : Herder, nach seinem Leben und seinen Werken. 2 Bde. Berlin, 1880-1885.

dito : Herder. 2Bde. Neuauflage mit Einleitung von W. Harich, Aufbau-Verlag Berlin, 1954.

V. M. Schirmunski : J. G. Herder, Hauptlinien seines Schaffens. 1963.

E. Adler : Herder und die deutsche Aufklärung. 1965.

F. Lauchert : Die Anschauungen Herders über den Ursprung der Sprache, ihre Voraussetzungen in der Philosophie in seiner Zeit und ihr Fortwirken. In : Euphorion I, 1894. S. 747ff.

W. Hanna : Herders Sprachphilosophie. Eine Integration im Hinblick auf die moderne Sprachphilosophie. Germanische Studien 214, 1939.

E. Heintel : Sprachphilosophie. In : Deutsche Philologie im Aufriß, hrsg. von W. Stammler, Bd. I, 1956. Spalte 563ff.

dito : Einleitung zu : J. G. Herder, Sprachphilosophische Schriften. Philosophische Bibliothek Bd. 248, 1960.

B. Liebrucks : Sprache und Bewußtsein. Bd. I, Einleitung, 1964. S. 43ff.

M. Krüger : Der menschlich-göttliche Ursprung der Sprache. In : Wirkendes Wort. XVII. 1, 1967. S. 1-11.

E. Cassirer : Freiheit und Form. Berlin, 1922.

dito : Das Erkenntnisproblem in der Philosophie und Wissenschaft in der neueren Zeit, Bd. Ⅱ. Berlin, 1922.

dito : Philosophie der symbolischen Formen, 1. Teil, Die Sprache. 1923. Neudruck, Darmstadt, 1964.

dito : Die Philosophie der Aufklärung. Tübingen, 1932.

*　　*

イェスペルセン『言語　その本質・発達及び起原』（市河・神保共訳）昭２，岩波書店

桑原武夫編『ルソー研究』第８版，昭37，岩波書店

ルソー『人間不平等起原論』（本田喜代治訳）岩波書店

ド・ラ・メトリ『人間機械論』（杉捷夫訳）岩波文庫

ディドロ『ダランベールの夢　他四篇』（新村猛訳）岩波文庫

《叢書・ウニベルシタス　31》
言語起源論

1972年3月20日　初版第1刷発行
2015年1月30日　新装版第1刷発行

ヨハン・ゴットフリート・ヘルダー
大阪大学ドイツ近代文学研究会 訳
発行所　一般財団法人　法政大学出版局
〒102-0071 東京都千代田区富士見 2-17-1
電話03(5214)5540／振替00160-6-95814
製版・印刷：三和印刷／製本：積信堂

ISBN978-4-588-09998-4

著　者

ヨハン・ゴットフリート・ヘルダー
(Johann Gottfried Herder)

1744-1803. ドイツの思想家・文学者. 当初医学を修めたが, のちにケーニヒスベルク大学神学部に入学. カントから強い影響を受け, ルソーに傾倒した. リガの大聖堂附属学校副牧師として赴任し, かたわら批評的著述を行なう. この時期の著作『ドイツ文学断章』はすでに言語に関する彼の見解の一端を示している. のちにハーマンとともに〈シュトゥルム・ウント・ドラング〉運動の理論的指導者として活躍し, 近代の文化史研究, 言語学, 美学等に大きな影響を与えた. 詳細は本書の「解説」を参照.